発見！学べるウォーキング

JN065717

地図深読み

東大地理部の

「地図深読み」散歩

著　東京大学地文研究会地理部

MICRO MAGAZINE

「東大地理部」って何だろう?

　わたしたち東京大学地文研究会地理部、通称・東大地理部をご存じでしょうか。知っているという方は、東京大学で開催される春の五月祭、秋の駒場祭で、日本列島の平面地図を手作業で立体化した「全国立体地図」(背景写真) の展示をご覧になったことがあるのかもしれません。

　「全国立体地図」は、2008 (平成 20) 年から丸 8 年にわたる作業を経て、2015 (平成 27) 年に完成し、補修を重ねながら東大の文化祭でお披露目してきた地理部の代名詞ともいえる作品です。地理部員の多くも、高校生のとき、あるいは入学してすぐの五月祭で初めて見たときには、教室の半面を埋めつくすサイズの立体地図をつくり上げた先輩たちの偉業に驚いたものです。3Dプリンターのある現在では考えられない、地図への情熱、根気の結晶というべきでしょう。

　紹介が遅れましたが、わたしたち東大地理部は、街歩きや旅行、地理全般が好きな部員が集まった東大公認サークルです。創設は1951 (昭和 26) 年で、すでに 70 年以上もの長い歴史を有しています。現在は、東京大学を中心に、早稲田大学や東京都立大学など、おもに首都圏の大学から総計約 100 人の学生が集まり、大学 1・2 年生が中心となって通年で活動しています。

　通年と書きましたが、わたしたちは「立体地図」の作業ばかりしているわけではありません。活動の軸は、週に 2 回程度 (おもに土休日) 開催される「巡検」です。

　一般的に「巡検」は、学術的なフィールドワークを指す用語ですが、地理部では意味合いが少し異なります。もっと肩の力を抜いて、日帰りで東京近郊の各地を訪れ、主催した部員の説明を受けながら、十数名程度で街歩きを楽しむイベントです。企画者の興味は、地形・地質・歴史・交通・都市計画など多岐にわたるため、幅広い視点での街歩きを通じて、新たな知識を吸収できます。

また、春休みや夏休みといった長期休暇中には、3泊4日程度の「合宿」を開催しており、有名な観光地からニッチなスポットまでさまざまな場所を訪問します。合宿は、原則として現地集合・現地解散。合宿中は各日2～3個程度の隊に分かれて行動するのが常で、個人の自由度の高さがひとつの特徴です。さらに、地方出身の部員が、合宿地近くで「遠方巡検」を企画することもあり、こちらも長期休暇での楽しみのひとつとなっています。

　わたしたちは、こうした散策・旅行系のイベントをほぼ毎週のように開催しながら、前出の五月祭・駒場祭で毎年たくさんのお客様からご好評いただいている「全国立体地図」の制作・展示をするほか、部誌『LONGRUN』の発行、部員が自身の興味ある内容について発表する「地理部で語る会」など、さまざまな活動を行っています。さらには、23区内で撮られた写真から撮影場所を特定し、実際にその場所に向かうことで得点を稼ぎチームで競い合う「リアルGeoGuessr」など、特別なイベントを開催することもあります。

　さて、本書ではわたしたちが行ってきた「巡検」のなかから、「地形」や「地質」をメインテーマとし、東京都内やその近郊で開催されたものをセレクトして紹介していきます。一部には、テーマをよりはっきりさせるため、行程を短縮するなど、実際に開催した内容にアレンジを加えているものもあります。

　誌面には、東大地理部の巡検を同様に実施しやすいよう、できるだけ多くの写真や、ルートを明らかにした地理院地図などを掲載しています。もし歩いてみたいと思えるコースがありましたら、ぜひ、本書を片手に「地理部の巡検」を追体験いただけますと幸いです。

東京大学地文研究会地理部
72期部長 水谷玲太

発見！学べるウォーキング

東大地理部の「地図深読み」散歩

contents

※本書に掲載している「巡検マップ」はすべて、2023年夏〜秋にかけて実際に巡検を行った時点でウェブ上で公開されていた国土地理院地図を加工しています。その後、道路整備などによりルート変更がある場合がありますことをご了承ください。

4

本書の見方

地形アイコン

東大
東京大学のキャンパス。

台地
武蔵野台地や下総台地など、周辺よりも一段高くなっている土地。

暗渠
下水道化したり完全に埋め立てられたりして地下に埋没した水路。

河川
陸地で一定の流路をもつ水の流れ。

池
窪地に水が溜まったところ。

湧水
地表から自然と湧き出ている地下水。河川の源になることもあります。

運河
水利、船舶の移動などのために陸を掘って造られた人工的な水路。

海成段丘（海岸段丘）
海水準変動や地盤の隆起で沿岸部にできた階段状の地形。

河成段丘（河岸段丘）
川の流れに沿って発達した階段状の地形。

地層
砂や泥、火山灰などが長い年月をかけて積み重なったもの。

各種データ
巡検で歩く市区町村名、地形や地質のキーポイントを列挙しています。

巡検マップ
当該巡検のルートを、国土地理院地図上に示しています。距離が長い場合は2～3枚に分けて掲載します。

駒場キャンパス周 の河川や用水路跡を巡る

駒場巡検

距離：約8km
所要時間：約3時間30分

歩くエリア：東京 ⃝区、世田谷区、渋谷区
地形・地質ポイント：武蔵野台地、湧水（空川）、暗渠（空川、目黒川）

武蔵野台地の淀橋台に立地

　東京大学に入学したら、最初に通うのが駒場キャンパスです。そして、春、新歓シーズンに決まって行われる巡検のひとつが駒場巡検です。本郷、皇居一周、山手線一周巡検とともに春の恒例イベントです。

　東大駒場キャンパス周辺は、関東平野南西部を占める武蔵野台地の東南にあって、ちょうど目黒川水系と古川（渋谷川）水系に挟まれた場所にあります。武蔵野台地の大部分は、河成段丘と海成段丘の上に火山由来の風成層である関東ローム層が堆積した台地です。河成段丘は、大昔の多摩川（古多摩川）がつくった巨大扇状地が、のちの時代に繰り返し削られてできたもので、低位の段丘を立川段丘（立川面）、一段高い段丘を武蔵野段丘（武蔵野面）と呼ぶなど、段丘面は地域によって詳細に分類されています。

　また台地が、気候変動にともなう大規模な海進（梅面上昇）と、その間の海退でできた海成段丘（下末吉面）も分布しています。東大駒場キャンパス周辺は、淀橋台

➡① 谷戸の崖
空川の源流がつくったと考えられる暗渠の崖にあたる坂道を歩くと、目の前に頭線電車が音の連音下まで走っているのがわかる

といわれる下末吉面にあると考えられています。キャンパスの敷地にはもともと、1878（明治11）年に開校した駒場農学校がありました。同校は1935（昭和10）年、現在の本郷キャンパス付近にあった旧制一高（第一高等学校）と校地を交換して、やがて東大教養学部になります。いっぽう、駒場に移ってきた巨大駒場が1950（昭和25）年に廃止されるまで存続し、現在の東京大学教養学部に受け継がれています。

➡② 空川の湧水地
目黒川支流・空川の水源のひとつで、駒場キャンパスの敷地内にあります。門付近には「水の出るところはありません。空川源流をたどる目です。

空川の湧水地と暗渠をいく

　この巡検は、武蔵野台地の高低差を感じながら、そこに刻まれた谷や河川（跡）などを巡ります。駒場キャンパス正門からスタートして駒場東大前駅西まで坂を下り、坂下門を入ってすぐにあるのが目黒川の支流・空川の湧水地です（②）。こんこんときれいな水が流れ出ています。ですが、そのままの流れを辿ろうとしても6流路は見当たりません。井の頭線の南側に渡り、駒場東大前商店街を歩きます。道は一段低く、ややくねっています。じつはここが空川の暗渠化された流路なのです。暗渠は住宅街を抜けて、山手通り付近から南へ向きを変えます。

駒場巡検マップ

➡ 東大駒場キャンパス
東大へ入学したらまず通うことになります。新緑キャンパス（目黒区駒場）から巡検はStart！

➡③ 空川の暗渠
空川暗渠は、商店街を抜けて住宅街の東側に入っていきます。

➡③ 空川の暗渠
空川暗渠は以前よほ文指の東側で、湯が島通りの山手通りの下へ潜って南下します。

距離と時間
踏破するおよその距離と時間を掲載しています。歩く速度によって変わることはもちろん、休憩、バスや鉄道での移動もコースに含まれるため、所要時間はあくまでも目安です。

解説文
巡検の主旨、ルート上でポイントとなる場所などを解説します。

ポイント写真
巡検でポイントとなる場所の写真です。数字は「巡検マップ」上にある数字と符合します。

まずはココから!!
東大地理部の「巡検」とは?

巡検は企画者の解説からスタートします。

　東大地理部の「巡検」は、徹底的に学術的な視点で街を調査、踏破するような堅苦しいものではありません。もちろん、地学などの専門的な解説を加える場合もありますが、それは巡検の企画者にお任せしています。参加者は肩の力を抜きつつも、しっかりとテーマを理解し、所定のコースをじっくりと歩く、が基本です。道中はテーマやコースを選定した企画者が先導し、彼らの説明を受けながら、十数名程度で街歩きを楽しみます。

　巡検は、東大地理部のメインの活動であり、2023（令和5）年には計53種93回開催されています。訪問先は基本的に首都圏、とりわけ東京都内がメインになります。

　長期休暇中には、おもに「合宿」に接続するかたちで、合宿の訪問エリア近くで「遠方巡検」が開催されることもあります。たとえば2023（令和5）年の春は、瀬戸内方面で「合宿」を実施し、兵庫県出身の部員が企画した遠方巡検として「宝塚巡検」が開催されました。

　新入生が多く参加する新歓シーズン（4月〜5月頃）には、駒場キャンパス・本郷キャンパス周辺の街を散策する「駒場巡検」「本郷巡検」、皇居周辺を訪れる「皇居一周巡検」などが例年開催されるほか、地理部の名物行事であり、夜を徹して約40kmもある山手線の外周を歩き続ける「山手線一周巡検」（大変だけど楽しい!）が行われます。

　「巡検」の準備は、①巡検の開催を起案した企画者が下見を行う、②ルート・時間などについて部内での承諾を得る、③当日までに資料・解説用原稿などを用意する、の3ステップで行います。

　下見や資料制作などの企画者の努力はもちろん、無理のない時間で踏破できるか、見学する施設などがあれば営業時間中に訪問可能かなどを部内で吟味することで、巡検がより実りあるものとなっていきます。

　また、巡検を開催する際は、交通ルールを遵守することを徹底するほか、住宅街・私有地の近隣を歩く場合も少なくないことから、会話の声量や道路を塞がずに歩くことなどにも注意しています。巡検の終了時には、企画者の音頭で「一丁締め」するのもまた、東大地理部の伝統になっています。

少々の悪路や猛暑のなかでも歩きます!

暗渠や河川沿いはしばしば歩きます!

真夏の巡検では湧水でみんな元気に!

第1章

東大キャンパス発!
東京地形散歩

駒場巡検

距離：約8km
所要時間：約3時間30分

歩くエリア：東京都目黒区、世田谷区、渋谷区
地形・地質ポイント：武蔵野台地、湧水（空川）、暗渠（空川、目黒川）

武蔵野台地の淀橋台に立地

　東京大学に入学したら、最初に通うのが駒場キャンパスです。そして春、新歓シーズンに決まって行われる巡検のひとつが駒場巡検です。本郷、皇居一周、山手線一周巡検とともに春の恒例イベントです。

　東大駒場キャンパス周辺は、関東平野南西部を占める武蔵野台地の東南にあって、ちょうど目黒川水系と古川（渋谷川）水系に挟まれた場所にあります。武蔵野台地の大部分は、河成段丘と海成段丘の上に火山由来の風成塵である関東ローム層が堆積した台地です。河成段丘は、大昔の多摩川（古多摩川）がつくった巨大扇状地が、のちの時代に繰り返し削られてできたもので、低位の段丘を立川段丘（立川面）、一段高い段丘を武蔵野段丘（武蔵野面）と呼ぶなど、段丘面は地域によって詳細に分類されています。

　また台地には、気候変動にともなう大規模な海進（海面上昇）と海退、その間の隆起でできた海成段丘（下末吉面）も分布しています。東大駒場キャンパス周辺は、淀橋台

➡③谷戸の崖
空川の支流がつくった谷にあたる東大前商店街を歩くと、井の頭線が谷戸の崖ぎわを走っているのがわかります。

といわれる下末吉面にあると考えられています。キャンパスの敷地にはもともと、1878（明治11）年に開校した駒場農学校がありました。同校は1935（昭和10）年、現在の本郷キャンパス付近にあった旧制一高（第一高等学校）と校地を交換して、やがて東京大学農学部になります。いっぽう、駒場に移ってきた旧制一高は1950（昭和25）年に廃止されるまで存続し、現在の東京大学教養学部に受け継がれています。

←②空川の湧水地
目黒川支流・空川の湧水地のひとつが、駒場キャンパス内の坂下門付近にあります。南へ流れるとすぐに暗渠となってしまいますが、せせらぎが涸れることはありません。この巡検では、空川湧水地をあと2カ所訪れることになります。

駒場巡検マップ

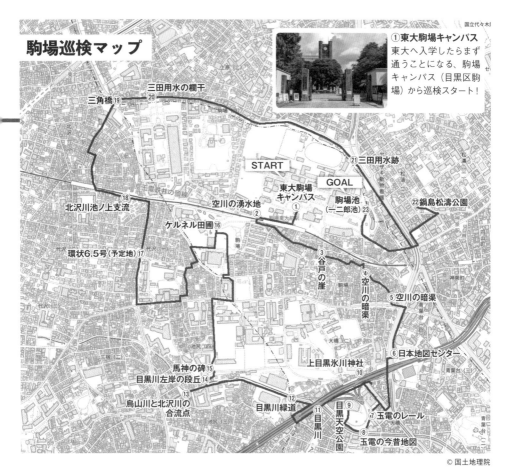

① 東大駒場キャンパス
東大へ入学したらまず通うことになる、駒場キャンパス（目黒区駒場）から巡検スタート！

START
東大駒場キャンパス ①

GOAL
② 空川の湧水地
③ 谷戸の崖
④ 空川の暗渠
⑤ 空川の暗渠
⑥ 日本地図センター
⑦ 玉電のレール
⑧ 玉電の今昔地図
⑨ 目黒天空公園
⑩ 上目黒氷川神社
⑪ 目黒川
⑫ 目黒川緑道
⑬ 鳥山川と北沢川の合流点
⑭ 目黒川左岸の段丘
⑮ 馬神の碑
⑯ ケルネル田圃
⑰ 環状6.5号（予定地）
⑱ 北沢川池ノ上支流
⑲ 三角橋
⑳ 三田用水の欄干
㉑ 三田用水跡
㉒ 鍋島松濤公園
㉓ 駒場池（一二郎池）

© 国土地理院

空川の湧水地と暗渠をいく

　この巡検は、武蔵野台地の高低差を感じながら、そこに刻まれた谷や河川（跡）などを巡ります。駒場キャンパス正門からスタートして駒場東大前駅西口まで坂を下り、坂下門を入ってすぐにあるのが目黒川の支流・空川の湧水地です（②）。こんこんときれいな水が流れ出ています。ですが、そのあとの流れを辿ろうとしても流路は見当たりません。井の頭線の南側へ渡り、駒場東大前商店街を歩きます。道は一段低く、ややくねっています。じつはここが空川の暗渠化された流路なのです。暗渠は住宅街を抜けて、山手通り付近から南へ向きを変えます。

➡④ 空川の暗渠
空川（暗渠）は、商店街を経て住宅地を南東方向へと流れていきます。

➡⑤ 空川の暗渠
空川（暗渠）は松見坂交差点の東側で、淡島通りから山手通りの下へ潜って南下します。

↑⑥日本地図センター
国土地理院などの地図を販売している一般財団法人。立体地図作成などで「紙の地図」が必要なときは、地理部も利用しています。

➡⑦玉電のレール
1969（昭和44）年まで、玉川（現・二子玉川）～渋谷を結ぶ東急玉川線(通称・玉電)が走っていました。大橋ジャンクションは玉電の大橋車庫跡につくられています。そうした経緯から、クロスエアタワー駐車場入り口横に当時のレールが敷設されています。

←⑧玉電の今昔地図
玉電の聖地にあるモニュメントがもうひとつ。右手から見ると写真のような「玉電時代の地図」が現れ、左手からは「現在の地図」が見えるしかけになっています。

↑⑨目黒天空庭園
首都高速大橋ジャンクションの屋上には、周囲400mほどの楕円形の目黒天空庭園があります。写真は北を見ています。

目黒川の暗渠化と支流の合流点

　巡検は、空川の暗渠に寄り添うようにして山手通りを南進します。地理部にも縁の深い日本地図センター（⑥）、紙の地図の購入に利用）を経て、首都高速3号渋谷線の高架をくぐり大橋ジャンクションへやってきました。この巨大なジャンクションは、山手トンネルを走る中央環状線と高架上の3号渋谷線にある70mもの高低差を、1周400m×2回転のループで結んでいます。大きさにも納得ですね。

　ここではまず、「玉電」の名で親しまれていた東急玉川線のレール（⑦）などの展示物を見て、ジャンクション屋上の目黒天空庭園（⑨）にて小休止。2013（平成25）年竣工の庭園は、街づくりと一体化した環境整備が評価されてグッドデザイン賞ほか多数の賞を受賞しています。

　地上に戻り、国道246号を南西方向に少し歩くと左に現れるのが目黒川です（⑪）。が、

国道246号を北側に渡るとさっき見た目黒川の姿はありません。また暗渠です。急激な都市化で、工場や家庭の汚水が直接川へ排水されるようになりました。そこで、悪臭を防止するため川を暗渠化、地下を通すようにしたのです。その大半は下水道幹線となり、川へ汚水が直接流れ込むことはなくなりました。

　代わって流れるせせらぎ（⑫）は、東京都の「清流復活事業」によるもので、新宿区の落合水再生センターで浄化された再生水が流れています。こうすることで、景観に配慮した親水空間をつくり出しています。せせらぎのある目黒川緑道を少し歩くと、暗渠（下水道幹線）になっている烏山川と北沢川の合流点にやってきました。じつはここが目黒川の起点なのです（⑬）。

駒場巡検エリアの色別標高図

■……0〜5m以下
■……5〜20m以下
□……20〜30m以下
■……30〜50m以下
■……50m〜

駒場東大前駅や駒場キャンパスが、空川の谷戸のそばに立地していることがわかります。また、東大近くには大きく2本の谷（黄緑色）があり、それらは大橋ジャンクション付近で、目黒川がつくる谷（水色）に合流しています。

© 国土地理院

←⑩上目黒氷川神社
国道246号の北側、台地のきわに建つ神社で、天正年間（1573 〜 1592年）の建立、正面の石段は1816（文化13）年につくられたといいます。

→⑪目黒川
国道246号に架かる大橋から南東方向、開渠（かいきょ）になっている目黒川を見ています。これより北は暗渠化されています。

↑→⑫目黒川緑道
暗渠化した目黒川の上に整備された緑道です。「清流復活事業」によりよみがえった小川に棲む多様な生き物の姿が、巡検に彩りを添えます。上の写真は、巡検時にコサギがアメリカザリガニをつかまえた瞬間。

↑⑬烏山川と北沢川の合流点
緑道に架かる東仲橋から100mほど進むと、烏山川と北沢川（ともに暗渠）の合流点、すなわち目黒川の起点に着きます。

←⑭目黒川左岸の段丘
目黒川が流れている谷と台地の標高差は一目瞭然。このあとの巡検は、おおむね台地上を歩きます。

➡⑮馬神の碑
かつて付近には陸軍騎兵第一連隊がありました。この石碑は、騎兵連隊で亡くなった馬を慰霊するものです。

←⑯ケルネル田圃
目黒区立駒場野公園にある実習用の水田で、現在では近くの学校の生徒が稲作実習を行っています。明治期、駒場農学校(東京大学農学部などの前身)に招かれ、近代日本の農業の基礎づくりに寄与した
ドイツ人教師のオスカー・ケルネルが、ここを試験田としたことから命名されました。また当地は、空川の湧水地のひとつとされています。

←⑰環状6.5号(予定地)
淡島通り(都道423号)と工事中の都市計画道路補助26号線(環状6.5号)が交わる、下代田東交差点の北側にある事業予定地。環状6.5号の事業予定地や一部開通区間は「荏原巡検」でも登場します。

↑⑱北沢川池ノ上支流
井の頭線・池ノ上駅の東に、北沢川の支流のひとつ、池ノ上支流が刻んだ谷があります。曲がりくねった道路、マンホールの多さが暗渠の存在を示唆しています。

↑⑲三角橋
かつてこの場所には、玉川上水から引かれた分水の1本、三田用水が流れていました。現在の都道420号沿いで、世田谷・目黒・渋谷の3区境にあたる当地の「三角橋」という地名が往時を偲ばせます。かつて舟運を用いていた名残でしょう、材木屋(写真奥)も現存します。また、ここから用水は南の池ノ上付近へ分流していました。

↑⑳三田用水の欄干
三田用水の水路跡は、ほとんどが転用されて面影を残していませんが、東大駒場IIキャンパス正門には欄干が現存します。位置関係から、用水路は道路から数メートル南にあったことがわかります。このあと巡検は、駒場キャンパスの北側を山手通りへ向かいます。

↑➡㉑三田用水跡

山手通りに入ると、歩道と駒場キャンパスのあいだに細長い敷地が続き、やがて現れるのが約50mもの箱形のコンクリート構造物。これは三田用水の暗渠で、水位を一定に保つために底上げされています。取っ手つきの点検蓋があるほか、柵がついた分水口（神山口分水）と考えられる構造物もあります。

北沢川支流と三田用水の痕跡

　河岸から台地へ少々急な崖を上がります（⑭）。台地の縁に立つ「馬神の碑」（⑮）に手を合わせて、次に訪れたのはケルネル田圃（⑯）。ここはスタート直後に次ぐ、本巡検ふたつ目の空川の湧水地です。その後は、通称・環状6.5号の事業予定地の横を、事業推進の難しさと道路建設の必要性について考えながら歩き、井の頭線の線路近くへやってきます。いかにも川跡を思わせる、曲がりくねった谷地形の路地は、池ノ上支流という北沢川に流れ込んでいた支流のひとつが暗渠化されたものです（⑱）。

　井の頭線を渡って北進、緩い坂道を下りていくと三角橋です（⑲）。橋というだけあって、ここにはかつて水が流れていました。玉川上水から分水、現在の港区芝まで全長約10kmの三田用水です。1644（寛文4）年に開通した農業用水で、駒場Ⅱキャンパス正門には欄干跡（⑳）、もう少し歩くと用水路そのものの跡（㉑）が現存します。三田用水の分流が流れ込んでいた鍋島松濤公園（㉒）を見学し、いよいよ駒場キャンパス内の駒場池（㉓）でゴールです。駒場池こそは、本巡検3つ目となる空川の湧水地でもあります。

↑㉒鍋島松濤公園

公園名は、明治期に佐賀の鍋島家が開拓、造成した茶園「松濤園」に由来します。池はもともと窪地の湧水によるもので、かつては北西から三田用水神山口分水も流入、池からは宇田川の支流が流れ出ていました。この支流は、井の頭線・神泉駅の南からの流れ（神泉支流）と合流し宇田川へ注いでいました。

↑㉓駒場池（一二郎池）

スタート直後に空川源流の湧水地を見ましたが、最後も空川の湧水地のひとつ駒場キャンパス内の池にやってきました。台地の上ながら水をたたえているのは、水を通さない粘土層があるため。明治期の農学校時代には「養魚場」だったという記録があります。

本郷巡検

距離：約6km	歩くエリア：東京都文京区、台東区
所要時間：約3時間	地形・地質ポイント：武蔵野台地、へび道（藍染川）、東大下水菊坂支流

台地に築かれた文京地区

本郷巡検はもちろん、東京大学本郷キャンパスの周辺を歩くものです。

キャンパスが立地する文京区は、扇状に広がる武蔵野台地の東端に位置しています。区域には、いくつかの台地、低地が入り混じり多くの坂が形成されています。低地は、文京区の南端エリアを流れる神田川やその支流、さらにはかつての石神井川などが侵食することでできた谷底平野です。本郷キャンパスが建つ台地は本郷台地と呼ばれ、海抜はおよそ20mあります。

東京大学が誕生したのは1877（明治10）年4月。本郷にはまず、前年に校舎が完成していた医学部が同年12月に開校します。医・法・文・理の4学部が集結したのは1885（明治18）年でした。

本郷キャンパスの西を走る本郷通り（国道17号）は、江戸時代に整備された五街道のひとつ中山道で、江戸と京都とを結ぶ重要な道路でした。往時、台地には大名屋敷や武士の住まい、低地には町民の住まいがありました。

そして明治時代以降、大名屋敷は大学や公園用地、公共用地、軍用地に転用されます。とくに教育施設が集積したところには、学者や文化人、学生らが多く居住するようになりました。本郷キャンパスも、加賀藩前田家上屋敷跡に建てられたもので、付近には森鴎外や夏目漱石、石川啄木、樋口一葉ら多くの文人が居を構えました。この巡検は、そんな本郷地区の高低差を体感しながら歴史を遡っていきます。

➡④夏目漱石旧居跡

文豪・夏目漱石がイギリス留学から帰国後、1903（明治36）年から3年間暮らした地。ここで漱石は、名作『吾輩は猫である』や『坊っちゃん』などを上梓しました。右下の石碑の題字は、川端康成によるものです。

↑②日本医大前（台地縁）
出発から500m弱、日本医科大学前の根津裏門坂。写真奥が急な下りで、ここが台地の縁だとわかります。

↑③弥生町1丁目（台地縁）
②からわずかに東へいくと、下方に根津神社の鳥居が見えます。根津神社は本郷キャンパスの北にあり、のちほど参詣します。

本郷巡検マップ

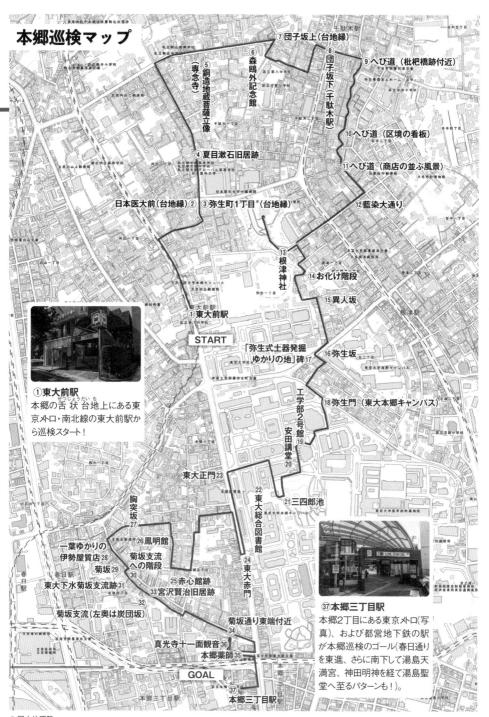

①東大前駅

本郷の舌状台地上にある東京メトロ・南北線の東大前駅から巡検スタート！

⑦本郷三丁目駅

本郷2丁目にある東京メトロ（写真）、および都営地下鉄の駅が本郷巡検のゴール（春日通りを東進、さらに南下して湯島天満宮、神田明神を経て湯島聖堂へ至るパターンも！）。

⑦団子坂上（台地縁）
⑥森鴎外記念館
⑤銅造地蔵菩薩立像（専念寺）
⑧団子坂下（千駄木駅）
⑨へび道（枇杷橋跡付近）
④夏目漱石旧居跡
⑩へび道（区境の看板）
⑪へび道（商店の並ぶ風景）
日本医大前（台地縁）②　②弥生町1丁目"（台地縁）"
⑫藍染大通り
⑬根津神社
⑭お化け階段
⑮異人坂
①東大前駅
START
「弥生式土器発掘ゆかりの地」碑⑰
⑯弥生坂
⑱弥生門（東大本郷キャンパス）
工学部2号館⑲
安田講堂⑳
東大正門㉓
㉑三四郎池
胸突坂㉗
㉖鳳明館
東大総合図書館
一葉ゆかりの伊勢屋質店㉘
菊坂支流への階段
㉔東大赤門
菊坂㉙
㉚
㉕赤心館跡
東大下水菊坂支流跡㉛
㉝宮沢賢治旧居跡
菊坂支流（左奥は炭団坂）
㉜
菊坂通り東端付近
㉞
真光寺十一面観音㊱
本郷薬師㉟
GOAL
⑦本郷三丁目駅
本郷三丁目駅　⑦本郷三丁目駅

© 国土地理院

↑⑤銅造地蔵菩薩立像(専念寺)
江戸前期に空無上人が建立した「東都六地蔵」のひとつで、姿は往時のまま変わっていません。文京区指定有形文化財。近くには井戸跡のような遺構もあります。

↑⑥森鴎外記念館
東大医学部卒の軍医にして文筆家、知識人として活躍した鴎外は、1892(明治25)年から30年間、60歳で没するまで当地で暮らしました。2階より品川沖が見えたことから、屋敷を「観潮楼」と名付けたそうです。

↑⑦団子坂上(台地縁)
藍染川がつくった谷へ下りる坂道。当地に団子屋があった、ここで転ぶと団子のように転がった、など名前の由来は諸説あります。

➡⑧団子坂下(千駄木駅)
後ろに千駄木駅、藍染川がつくった谷にあたる団子坂下から坂上を見ています。

区境の藍染川暗渠から台地へ

巡検の出発地は、本郷キャンパスとするのが常套ですが、地下鉄を利用する部員の便を考慮して南北線の東大前駅としました。国道17号線から続く駅前の都道455号線は、中山道から分岐していた旧日光御成街道です。この道を少し北進して右折すると、進行方向(東)が下り坂になっていて、ここが台地の縁だとわかります。台地を下りずに進んで夏目漱石の旧居跡(④)や森鴎外記念館(⑥)など文豪ゆかりの地を巡り、団子坂(⑦)を経て台地を下りていきます。

19ページの色別標高図に示されているように、坂を下りた低地は北から南へ蛇行しながら上野の不忍池まで広がっています。ここはかつて石神井川下流部として侵食・堆積されてできた谷戸で、その後石神井川の流路変更により藍染川という小さな河川が流れるようになりました。藍染川流域は水捌けが悪く、氾濫を繰り返していたため、1921(大正10)年から暗渠工事が始まりました。今では流路はすべて暗渠化され、「へび道」と呼ばれる曲がりくねった道路に姿を変えています(⑨)。藍染川は文京区と台東区の区境を流れていたことから、区境を歩く道でもあります(⑩)。

へび道から藍染大通り(⑪)を経て、一段高い台地の縁に立つ根津神社(⑬)を参詣します。かつては、崖下からの湧水が藍染川に注いでいたそうです。

低地に下りた以上、台地に戻るには上るしかありません。巡検では、お化け階段(⑭)や異人坂(⑮)を通り、高低差を体感しながら東大のキャンパス付近に到着。ここには江戸時代、水戸徳川家中屋敷などがありました。キャンパスも現在の農学部のそれではなく、もともとは旧制一高(第一高等学校)の敷地でした。駒場にあった農学部と敷地を交換した旧制一高は、その後、東大に吸収され今に至っています。また、弥生で見つかった土器こそが「弥生式土器」で、その記念碑なども見て歩きます。

➡⑨へび道（枇杷橋跡付近）

くねくねと蛇行しているため、「へび道」と呼ばれる藍染川の暗渠。写真付近には枇杷橋という橋が架かっていました。川の水源は上駒込村（豊島区）の長池で、西ヶ原、中里、田端、根津、谷中などを経て不忍池に注ぎ込んでいました。

⬆⑩へび道（区境の看板）

右岸（西）が文京区千駄木、左岸（東）が台東区谷中という地名の看板から、藍染川が区境を流れていたことがよくわかります。

⬅⑪へび道（商店の並ぶ風景）

暗渠工事が始まったのは大正時代。今では、へび道にいくつかのお店も開かれています。

⬅⑫藍染大通り

かつて根津藍染町といった現在の根津2丁目を東西に走る藍染大通り。高層の建築物がない、下町情緒あふれる街並みが続きます。

⬆⑬根津神社

徳川五代将軍・綱吉の兄、甲府中納言綱重の屋敷、六代将軍・綱豊（家宣）の生地として知られる地で、1706（宝永3）年に綱吉が社殿を造営しました。かつては、境内の急崖から出る湧水が池に溜まり、やがて藍染川へと流れていたといいます。

➡⑭お化け階段

文京区弥生町2丁目18番と19番のあいだにある階段で、上りと下りで「段数が異なる」ためこう呼ばれます。真相は、一番下の踏み石が浅く小さいため、上りでは数え、下りでは数えない、というお話です。

⬅⑮異人坂

名前は、明治時代、この坂上に東大の外国人教師の官舎があったことに由来します。彼らにとってこの坂は、不忍池や上野公園への散策ルートだったようです。

⬆⑯弥生坂

東大の本郷キャンパスと弥生キャンパスのあいだを走る言問通り（東京都道319号環状3号線）。根津駅方向への下りは弥生坂で、キャンパスが台地縁にあることがわかります。

⑰「弥生式土器発掘ゆかりの地」碑

1884（明治17）年、3人の東大生が根津の谷に面した貝塚で赤焼きの壺を発見。これが縄文式土器とは異なるものと判明したことから、発見地にちなんで「弥生式土器」と命名されました。左の写真は記念碑です。右の写真は、その後、大学構内の台地の縁で土器などが見つかっている「弥生二丁目遺跡」（大学関係者以外は立入禁止）。

⑱弥生門（東大本郷キャンパス）

かつての加賀屋敷北裏側と片側寺町のあいだの暗闇坂にある東大弥生門。

⑲工学部2号館

旧東京帝国大学の総長を務めた内田祥三氏が本郷キャンパスで最初に設計を手掛けた建物です。竣工は1924（大正13）年。2000（平成12）年に南側を改修、2005（平成17）年には北側を取り壊し高層階の建築物に建て替えられました。

⑳安田講堂

本郷キャンパスのシンボル。安田財閥（創始者・安田善次郎氏）の寄付により建設された東京大学大講堂です。基本設計は内田祥三氏で、岸田日出刀氏が手を加えて1921（大正10）年に起工、関東大震災による中断を経て1925（大正14）年に竣工しました。

㉑三四郎池

江戸時代、周辺は「育徳園」という加賀藩上屋敷の大名庭園でした。池はもともと湧水によるもので、藍染川方向へ流れ出る水路もあったようです（現在は、井戸水を循環）。上から見ると「心」の字に見えることから「心字池」と呼ばれていましたが、夏目漱石の『三四郎』に登場したため今では「三四郎池」と呼ばれています。

㉒東大総合図書館

1928（昭和3）年竣工の本館（写真）と2018（平成30）年に開館した別館からなり、蔵書は130万冊を超える東大最大規模の図書館です。地上5階、地下1階という本館の設計は内田祥三氏。

㉔東大赤門

加賀藩十三代藩主前田斉泰が、1827（文政10）年に徳川十一代将軍・家斉の娘・溶姫を正室に迎える際に建立された御守殿門。明治36年に現在地に移されるまでは、15mほどキャンパス寄りにありました。国の重要文化財に指定されています。

㉓東大正門

正門は、1912（明治45）年、本郷通り（国道17号）沿いに竣工。入るとすぐにイチョウ並木が出迎え、正面には安田講堂があります。イチョウは1906（明治39）年頃、小石川植物園から移植されました。

↑㉕赤心館跡
1908（明治41）年春、上京した石川啄木が金田一京助を頼って転がり込んだ下宿跡付近。啄木の赤心館での暮らしは約4カ月でしたが、わずか1カ月で5編の小説を上梓したといいます。ここには長くオルガノ株式会社がありましたが、すでに解体され再開発されるようです。

江戸の遺構や内田ゴシック

続いては本郷キャンパスです。1615（慶長20）年の「大坂夏の陣」ののち、加賀藩前田家は幕府から現在の本郷キャンパスの一部、および周辺地を賜りました。その遺構として三四郎池（㉑）と赤門（㉔）が残っています。

東京帝国大学時代の校舎の多くは、1923（大正12）年の関東大震災で倒壊・焼失しました。それに対して大学は、翌年から内田祥三氏（工学部教授、のちの14代総長）を中心に復興計画を進め、昭和10年代には現在のようなキャンパスがおよそできあがりました。戦争被害が少なかったため、安田講堂㉕を筆頭に東大総合図書館（㉒）など、内田ゴシックと呼ばれる統一されたデザインの建築群が今に残っています。

このあと巡検は本郷キャンパスを出て本郷通りを渡り、西側の谷へ向かいます。

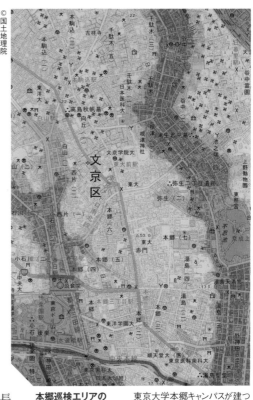

©国土地理院

文京区

本郷巡検エリアの色別標高図
■……5m 以下
■……5〜8m 以下
■……8〜15m 以下
□……15〜30m 以下
□……30〜50m 以下

東京大学本郷キャンパスが建つ本郷台地は、武蔵野台地の東端部にあたります。東と西に南北に広がる低地が、それぞれ藍染川、小石川（現在では洪水対策のため暗渠化）がかつて流下していた谷です。

➡㉖鳳明館

築120年を超える本郷の老舗旅館。本館（写真）は1898（明治31）年の竣工で、国登録有形文化財。関東大震災、戦中の空襲を耐えて今なお美しい姿を見せてくれています。

➡㉗胸突坂

鳳明館本館（写真左）のすぐ横（北側）の急坂は胸突坂といいます。旅館が台地のきわに立っていることがわかりますね。

↑㉘一葉ゆかりの伊勢屋質店
1890(明治23)年に菊坂に居を構えた樋口一葉が、生活に窮して通った旧伊勢屋質店。今に読み継がれる『たけくらべ』を発表した翌年の1826(明治29)年、一葉は24歳で早逝してしまいます。建物は、2015(平成27)年に跡見学園が取得・保存し、翌年には文京区指定有形文化財に指定されました。

↑㉙菊坂
西片1丁目〜本郷通りを結ぶ、傾斜の緩い長い坂で、当地には樋口一葉や石川啄木、宮沢賢治など多くの文人が暮らしました。地名は、本郷周辺に町屋ができた15世紀、この付近に菊畑が広がっていたことに由来します。

➡㉚菊坂支流への階段
本郷4丁目にある、菊坂(写真手前)とその南側の低地(写真奥)とをつなぐ階段。

⬅㉛東大下水菊坂支流跡
かつて本郷台地の西には、現在の東京ドーム付近へと流下する水の流れがありました。東大下水という名ですが、文字通りの下水ではなく農業用水や排水路として使われていました。その支流が菊坂の南に寄り添うようにありました(菊坂支流は仮称)。今では暗渠となっていますが、背を向けて立つ住居、緩やかなカーブなどに往時が偲ばれます。

➡㉜菊坂支流
(左奥は炭団坂)
菊坂支流から南方向を見ています。画面左奥の階段は炭団坂といって、春日通り方面へ本郷台地を上る急階段です。こちらが谷筋だとわかります。

© 文京区立図書館

東京市本郷区全図(部分)
1902(明治45)年に東京郵便電信局が出版した本郷区(当時)全図のうち、菊坂付近を拡大したものです。水色の着彩は水を示していて、右手の池は東大構内の三四郎池です。そのほか、菊坂沿いには今は暗渠となった水路(東大下水の菊坂支流)がはっきりと描かれています。

文士の遺構や菊坂の暗渠

　アイヌ語研究家で知られる金田一京助や歌人・石川啄木らが暮らした赤心館跡地を通り、1898(明治31)年竣工の老舗旅館「鳳明館」の美しさに魅了されたのち、胸突坂という文字通りの急坂を下っていきます。

　そこは、北西方向の西片1丁目から南東の本郷通り(本郷5丁目)まで続く長く緩やかな坂、菊坂です。ここでは樋口一葉ゆかりの質屋跡などを見て、南側へさらに階段を下ります(㉚)。下り立った細い道はわずかに蛇行していて、家屋が背を向けるようにして立っています。こちらは東大下水の菊坂支流跡、暗渠です(㉛)。

宮沢賢治ゆかりの地を経て…

　菊坂の南側を寄り添うように流れていた菊坂支流の暗渠を200mほど歩くと、菊坂に戻ります。そのおよそ中間地点にあるのが、宮沢賢治の下宿跡（旧稲垣邸）です。1921（大正10）年1月、信仰について父と揉めた賢治は岩手を飛び出し上京、妹トシの病気のしらせによって8月に帰郷するまでこの地に下宿しました。

　巡検はいよいよ最終盤。本郷通りを南進、最後に本郷薬師や真光寺の十一面観音を参拝します。かくして本郷台地、その縁、直下を巡った巡検はゴールです。

➡㉝宮沢賢治旧居跡
上京した宮沢賢治が暮らした地。当地にあった稲垣邸2階の6畳間に下宿し、赤門近くにあった印刷所でガリ版の筆耕や校正の仕事をするかたわら、日蓮宗の布教活動や創作に没頭したといいます。写真の階段途中に旧居跡の看板が立っています。

↑㉞菊坂通り東端付近
まもなく本郷通りという菊坂東端エリアから西を見た写真。狭くて緩やかな坂道だとわかります。

↑㉟本郷薬師
戦災で世田谷区に移転するまで、当地には真光寺という寺院があり、1670（寛文10）年に薬師堂が建立されたと伝えられています。御堂は戦災で焼失、現存するのは1978（昭和53）年築。

⬅㊱真光寺十一面観音
戦争で焼失した真光寺が世田谷区給田に移転したいっぽうで、罹災を逃れたのがこの十一面観音菩薩。蓮華座には1720（享保5）年の紀年銘があります。

本郷巡検 ちょっと寄り道！

３つの寺社巡り

　本郷3丁目交差点を700mほど東進すると、右手に現れるのが「学問の神様」菅原道真が祀られている湯島天満宮です。東大受験生はもちろん、多くの受験生が参拝する神社として知られています。湯島天満宮から南南西に600mほど歩くと、本郷通りとの十字路にぶつかります。左折して少し歩けば神田明神です。関ヶ原の戦いに臨む際、徳川家康が戦勝を祈祷した神社で、江戸時代以降、多くの参拝者を集めています。神社南東部にある「明神男坂」といわれる急勾配の階段からわかるように、立地するのは武蔵野台地の東端部です。その南を走る国道17号（中山道）を渡った低地には、「日本の学校教育発祥の地」として知られる湯島聖堂があります。もともとは徳川五代将軍・綱吉がつくった儒学の私塾で、明治以降、筑波大学やお茶の水女子大学の前身が設置されたこともあり、今では多くの受験生が参拝しています。これらを巡るのもまた、文京区歩きの楽しみといえるでしょう。

神田明神

© 国土地理院

社伝によれば730（天平2）年創建の神田明神。1616（元和2）年に現在地へ移りました。正式名は神田神社。

裏渋谷通りの歴史と渋谷川のすごい暗渠

渋谷巡検

| 距離：約4km | 歩くエリア：東京都渋谷区、目黒区 |
| 所要時間：約2時間15分 | 地形・地質ポイント：武蔵野台地、渋谷川 |

渋谷川と宇田川がつくる谷

駒場キャンパスを起点とする2本目の巡検が渋谷巡検です。キャンパスは目黒区の北端部にあって、すぐ東を南北に走る山手通りの手前からは渋谷区。キャンパスからほど近い、距離は約4kmの散策です。

ところで「渋谷」の地名の由来は何なのでしょう。ひとつには「塩谷の里」。かつて入り江だった当地では塩をとっていたことから、「しおや」が「しほや」「しぼや」と訛って「しぶや」になった説です。

ほかに、渋谷氏という豪族がいたからとも。平安時代末期の領主・河崎重家が渋谷権介盛国という賊を捕らえたことから渋谷姓が与えられ、領地を渋谷の名にしたという伝承です。諸説ありますが、実際に渋谷は地名の通り「谷」になっています。

25ページの色別標高図をご覧いただきま

しょう。渋谷駅周辺がとくに広い谷地形になっていますね。これは、新宿御苑を水源に深い谷を刻む渋谷川に加えて、渋谷センター街を西から流れていた宇田川が合流していたためです（現在はともに暗渠）。地形的に渋谷は、浸水被害が大問題で、その克服が再開発の目標のひとつとされました。

巡検はまず滝坂道という古道にあたる裏渋谷通りを歩き、古来から湧水のあった谷底にある井の頭線・神泉駅を目指します。

渋谷巡検マップ

START

東大駒場キャンパス①

←②裏渋谷通り入り口
旧山手通り、神泉駅入り口の交差点を左折すると裏渋谷通りです。ここは、江戸時代の前から、武蔵野台地東端部と武蔵国をつなぐ重要な道、「滝坂道」の一部区間にあたります。くねくねと曲がっているのが特徴的です。

①東大駒場キャンパス
台地の上に位置する駒場キャンパスから出発です！

↑③段差が小さい階段

神泉駅へ続く裏渋谷通りは、周囲に対して低位を走るため、南側には上り階段が数多くあります。よく見てみると、どれも蹴上が低いことがわかります。なだらかな勾配をもつこの階段は、かつて花街として発展した頃、芸妓さんが歩くのに便利で、「芸者階段」とも呼ばれてきました。

⇒④神泉湯道の石碑

神泉の谷を神泉駅方向へ下ると現れる『弘法大師 神泉湯』の道標（石碑）。谷頭にあたるこの地には、古来より「神泉」と呼ばれる湧水があり、この水を元に浴場ができました（湧水は宇田川の源流のひとつ）。その後も浴場は維持され、明治期には銭湯「弘法湯」ができます。渋谷周辺に陸軍施設が数多く設置されるなか、遊興の需要が高まり、弘法湯を中心に歓楽街が形成されました。

© 国土地理院

⑱ MIYASHITA PARK
（宮下パーク）

もともと渋谷区立宮下公園だった場所に、公園を施設屋上に備えるかたちで2020（令和2）年にオープンした複合商業施設。こちらが本巡検のゴールで、道は渋谷川の流路跡です。

←⑤神泉駅
神泉駅付近では、京王井の頭線が谷の底部を走ります。なお、神泉谷を下ってきた水の流れはさらに北進、やがて鍋島松濤公園からの流れと合流して宇田川に注いでいました。

↑⑥ランブリングストリート
神泉の花街は、円山町の台地上へと及びます。大正時代には、芸者遊びができる「三業地」として政府が認可。現在もその残り香を感じさせる円山町を抜けると、ライブハウスなどが立ち並ぶ、谷に沿ったこの道に入ります。

↑⑦渋谷百軒店
ランブリングストリートを北進、やがて右手の台地上に現れるのは「渋谷百軒店」の門。百軒店はもともと、関東大震災(1923年)後、西武グループの「箱根土地式会社」が被災した下町の名店を誘致、復興事業として開発したエリアです。

↑⑧千代田稲荷神社
渋谷百軒店などがある台地の縁に建つ神社です。もともとは宮益坂にありましたが、関東大震災を機に当地へ遷座しました。

←⑨渋谷マークシティ
2000(平成12)年に竣工した渋谷マークシティ、このあとルート上にある翌年竣工の東急セルリアンタワーは、東急百貨店ほか低層施設が集積していた渋谷駅周辺に初めて誕生した高層オフィスビル・ホテルです。渋谷が若者だけでなく、大人にも受け入れられる街に変貌する嚆矢となりました。写真はマークシティ5階にある高速バスのターミナルです。

渋谷の台地と谷地形

花街ができた円山町、渋谷百軒店付近はいずれも台地上にあることがわかります。渋谷川や宇田川などの川が多く集まる低地だった渋谷は、近代になり台地上が大きく発展、その後、谷が猛烈な勢いで開発されていったのです。また、神泉駅付近から渋谷駅方面へ谷地形となっていることもわかります。

- ■……0m 以下
- ■……0〜7.5m以下
- ■……7.5〜15m以下
- ■……15〜22.5m以下
- ……22.5〜30m以下
- ■……30m〜37.5m
- ■……37.5m 〜

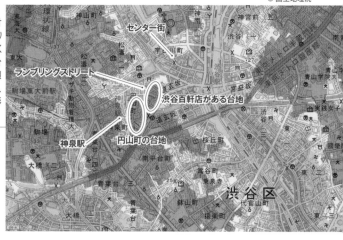

センター街
ランブリングストリート
渋谷百軒店がある台地
神泉駅
円山町の台地
渋谷区

➡⑪渋谷サクラステージ

マークシティを経て渋谷駅の南側、JRの線路の西側にやってきました。ここは2023年末竣工の「渋谷サクラステージ」が、建設のラストスパート中(撮影は2023年8月)。渋谷は常に変わり続ける街です。

⬅⑩銀座線の渋谷駅車庫

地下鉄銀座線の渋谷駅車庫は、渋谷マークシティ3階にあります。ちらっと見える場所がありますが、くれぐれも歩行者、勤務の鉄道マンらの邪魔をしませんように。

台地に始まった近代の発展

　神泉駅の谷を上がると円山町の台地です。ここにはかつて一大花街がありました。今も料亭などがあるのはその名残です。

　円山町の遊興街を抜けると、谷筋のランブリングストリートを経て、別の台地に築かれた渋谷百軒店です。ここは関東大震災を受けて開発され、往時は渋谷の中心地となりました。こうした台地上の街に遅れるかたちで、渋谷センター街ほか渋谷駅周辺の谷筋はその後、若者文化を受け入れながら発展を遂げていったのです。

　巡検は、3階から発車する地下鉄銀座線に谷地形を実感し、渋谷駅の南へ向かいます。

➡⑫渋谷駅旧埼京線ホーム

かつて使われていたJR渋谷駅の埼京線ホームです。2020 (令和2)年2月、渋谷駅の大改修で埼京線は山手線と横並びになりましたが、以前は大きく南へずれたこの場所がホーム。撮影時、従業員用の通路として使われているようでした。

➡⑬猿楽橋

猿楽橋は1934 (昭和9)年竣工、JR山手線や埼京線を跨いで、渋谷と代官山とを結ぶ橋長51.3mのラーメン橋です。老朽化のため、架け替え工事の時が迫っています。

←⑭渋谷ブリッジ

湾曲して立つ低層の細長い建物は、東急東横線の渋谷駅〜
代官山駅の地下化にともない廃止された旧高架線跡地のうち、
カーブしていた部分にできた複合施設です。時計や通路幅など
鉄道のモチーフが随所に取り入れられています。ここから、渋谷
川沿いの高架を撤去して、「鉄道の記憶」をテーマに整備された
遊歩道「渋谷リバーストリート」が始まります。

→⑮渋谷川（開渠）

東横線の線路跡（渋谷リバーストリート）のすぐ脇を流れるのは
渋谷川です。新宿御苑を源流に、この付近では渋谷川、下
流の港区側では古川と名前を変え、浜松町付近で東京湾へ
注いでいます。渋谷の深い谷をつくったのはこの河川で、渋谷
駅付近で渋谷センター街を流れてきた宇田川（暗渠）と合流する
ため広域が低地になっています。写真は徒歩橋から下流、並
木橋方向を見ています。

←↓⑯渋谷川（暗渠化）

渋谷リバーストリートを上流（渋谷駅方向）へ進むと、途中
の稲荷橋で渋谷川が地中に消えます。ここから渋谷川は
暗渠になります。暗渠化の歴史は古く、1934（昭和9）
年には東急百貨店東館が川を躯体に取り込む形で建設
されています。その後1960年代には、宮益橋から北が
すべて下水道化されました。なお、現在の渋谷川には、
東京都の清流復活事業の一環として下水処理水が流さ
れていて、開口部近くでは壁から水が出ている（壁泉と呼
ばれる）のが見えます（下写真）。なお、上流部が下水道
化したことで、河川としての渋谷川は稲荷橋が起点になっ
ています。

➡️⑰渋谷川（屋内の流路）

渋谷スクランブルスクエアと東急東横線などへの通路を結ぶ途中にある「渋谷駅東口地下広場」には、空間を狭める直方体の連なりが天井に張り付いています。じつはこれが、渋谷川の開渠部に接続する流路にほかなりません。また、この広場の下には、大規模な雨水貯留施設があります。大雨時、渋谷の谷に水が集まって浸水被害をもたらすのを防ぐため、再開発時に講じられた水害対策です。

建物内部を流れる渋谷川

巡検時は建設中だった「渋谷サクラステージ」（⑪）を左に見て、JRの線路沿いを南進します。猿楽橋（⑬）を渡って駅の東側に出てすぐ現れるのが、曲がりくねった形をした「渋谷ブリッジ」の建物です（⑭）。ここは地下化される前の東急東横線の線路跡を利用した商業施設です。

東横線線路跡のすぐ脇を流れる河川が渋谷川です（⑮）。コンクリート護岸の都市河川にはかつて、穏田川や宇田川など多くの支流がありましたが、ほとんどが下水道幹線として暗渠化。水がない時代を経て、今の渋谷川には高度再生水の流れが常にあります。そして、渋谷リバーストリートを北に進むと、稲荷橋で渋谷川も暗渠化します（⑯）。ビル群下の大きな口へ吸い込まれるように上流へ続く渋谷川の流路はその後、渋谷駅東口地下広場の天井に見つけることができます（⑰）。かくして台地や谷、谷をつくった河川と暮らし、都市開発を見る巡検はゴールを迎えます。

渋谷巡検の「ゆかりの地」へ!

滝坂道の原点は「滝坂」にあり!

裏渋谷通りが、滝坂道という古道の一部であると本文でも触れましたが、その古道はどことどこを結んでいたのでしょう。滝坂道の起源は江戸開府前。大山詣りのための大山道から道玄坂で分岐して、武蔵国府に向かう古道でした。現在の地名でいうと、渋谷区道玄坂から目黒区北部を経由、世田谷区を横断して調布市で旧甲州街道に合流するルートです。甲州街道との合流点にあったのが「滝坂」という坂道だったことから、滝坂道と命名されました。そしてこの滝坂、じつは今も健在です。仙川駅方面から甲州街道を西進、つつじヶ丘駅の手前で南へそれたところにある下り坂です。諸説ありますが、「大雨のとき雨水が滝のように流れる」ためこう命名されたようです。その後、坂の頂上部分を掘削して勾配が緩和されましたが、かつては相当な急坂だったのだろうと想像できます。何しろここは、武蔵野台地を古多摩川が削った国分寺崖線そのものなのです。

滝坂（旧甲州街道）

© 国土地理院

調布市の仙川からつつじヶ丘に向かう途中、ひっそりと旧甲州街道に滝坂はあります。

東大地理部の立体地図のつくり方

五月祭と駒場祭でお披露目する「立体地図」は、何枚ものパーツでできています。各パーツのつくり方を紹介しましょう。

東大地理部といえば「立体地図」と思ってくださる方がおいでのことと思います。ここでは「巡検」はひと休み、ちょっと簡単に東大地理部式「立体地図」のつくり方を紹介します。用意するのは、国土地理院発行の地形図と各種文房具、スチロール板、それと電熱線カッターだけ。文房具は、細めのボールペン、スプレーのり、のり、カッターがあれば十分です。さっそく手順を追っていきましょう。

❶地形図の購入

まずは、立体地図をつくりたいエリアを含む、国土地理院発行の地形図を購入します。縮尺は任意ですが、3枚同じものを購入するのがポイントです。東大地理部では「立体日本地図」は20万分の1、「世田谷」や「渋谷」といったローカルなエリアの立体地図であれば1万分の1を購入しています。

なお、地形図は日本地図センター（東京都目黒区）やそのネットショップ、各地にある書店などの地図販売店で購入が可能です。くわしくは、国土地理院や日本地図センターのホームページ等でご確認ください。

❷地図の糊付け

購入した地形図を任意の厚さのスチロール板にスプレーのりで貼り付けます。このとき、シワができないようくれぐれも注意しましょう。スチロール板は、ホームセンターなど建築関連の材料を取り扱っている店舗で購入できます。なお板厚は、「立体日本地図」は3mm、「世田谷」や

「1万分の1」地形図を使った「東京都世田谷区」の立体地図。

「渋谷」といった局所では1mmを使用しています。

❸等高線に沿って線引き

標高100m間隔の立体地図を作成する場合、購入した3枚の地図を重ね合わせたときにちょうど立体的になるように切断する線を引いていきます。1枚目の地図には標高0m、300m、600m……の順に線を引き、2枚目には100mずつずらして100m、400m、700m……、3枚目にはさらに100mずらして200m、500m、800m……と線を引いていきます。こうすることで、各地図を切断して重ね合わせたときにできる標高200m分の差が、そのまま「のりしろ」になるわけです。なお、❷と❸の工程を入れ替えても問題ありません。

❹カッターで切り取る

先ほど引いた線に沿って、カッターを入れます。その際、力を入れすぎず、表面に貼った地形図の紙だけを切るのがポイントです。

❺スチロール板を切る

地図が切り離された状態になったら、次は、電熱線カッターを使ってスチロール板を切っていきます。作業が細かくなるリアス地形などは、より慎重に進めていきましょう。

❻組み立て

3枚の地図からそれぞれ線を引いた等高線に沿って切り出した部品を、標高が低いものから順に重ねて糊付けし、立体的になるように組

み立てていきます。山の先端などがつぶれない
よう、注意しましょう。

　以上が「立体地図」作成の基本手順です。
地形図は3枚、そこから標高が異なる3面を
切り出して重ねて、立体構造をつくり上げるとい
うものです。たとえば、「1万分の1」地形図を
使って、ご自身がお住まいの町、エリアからチャ
レンジするのもおもしろいかもしれません。

「伊豆大島」ができるまで

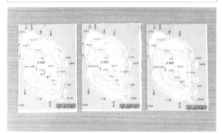

①等高線をなぞった地形図をスチロール板に糊付けして、
地形図のみカッターで切ります。

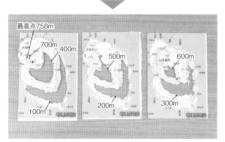

②地形図が貼られた3枚のスチロール板を、線を引いた等
高線に沿って電熱線で切り離します。

③標高がもっとも低い地図を土台にして、3枚の地図を標
高が低い順に糊付けしたら完成です。

紀伊半島から四国に大断層、中央構造線が走る！

リアスが発達する三陸海岸も美しく再現！

札幌市街地と支笏湖や洞爺湖のカルデラ。

桜島ほか、火山が発達した鹿児島県。

立体地図に玉こんにゃく！
駒場祭レポート

2023年11月24～26日＠東大駒場キャンパス

2023年の駒場祭は11月24～26日に行われました。ここでは、当日の賑わいは控えめに、設営に追われた前日の模様を中心にレポートします。

地理部の展示はもちろん「立体地図」です。ご来場者様の驚く顔を拝見したい、そんな気持ちで定期的に補修を重ねているわたしたちにとって、地図をお披露目できるのは春の五月祭（本郷キャンパス）と駒場祭だけ。いやが上にも力が入ります。

開幕前日の午前中、立体地図の各パーツを、部室から展示場所へ運び入れます。いうまでもありませんが、国土地理院発行「20万分の1地図」でつくったパーツは相当な量です。まず必要な机を並べて、その上に地図を並べていきます。ときどき「〜山、修繕できてないじゃん！」「あれ、この離島どこだっけ？」なんて声も聞こえてきますが、そうした諸問題を解決しながら作業を始めること数時間、全体で15×15mほどもある立体日本地図が姿を現します。

やっぱり大きいな……と、ひと息つくのも束の間、巨大地図の位置が定まったら、次は「巡検」や「合宿」などのパネルを配置していきます。さらにこの間、屋外では担当部員が「地理部の玉こんにゃく」を鋭意準備中。産地直送、山形県から仕入れている玉こんにゃくの提供は10年目を迎えました。冷え込むケースも多い駒場祭、購入いただいた方にほっこり温まっていただけるよう道具類を設営します。

こうして迎えた駒場祭の3日間。最終日はあいにくの天候でしたが、おかげさまで連日の大盛況。ご家族連れやご年配の方まで幅広い世代にお越しいただきました。この駒場祭で、地理部の展示は「エキシビション部門3位」を獲得しました。投票いただいた方々に感謝です！

なお、駒場祭当日は、部員による地図や巡検にまつわる地理の解説もあります。初めての方、ふだん地理に触れる機会がない方でもお気軽にお越しください。

次回以降、お待ちしています！

初日、「玉こんにゃく」班も準備万端！

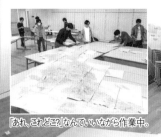

「あれ、これどこ？」なんていいながら作業中。　　沖縄諸島ももちろん展示！

展示する立体地図がほぼ完成！

第2章
23区内の
東京地形散歩

江戸城の立地や江戸東京の歴史を体感！

皇居一周巡検

距離：約10km
所要時間：約4.5時間

歩くエリア：東京都千代田区
地形・地質ポイント：ダム湖、日比谷入江、日本水準地点、石（安山岩や花崗岩^{かこうがん}）

台地東端の立地とダム湖

皇居は、江戸幕府の本城「江戸城」が1868（明治元）年に改称されたものです。かつては宮城^{きゅうじょう}と呼ばれていましたが、戦後、江戸城跡一帯が皇居と呼ばれています。

江戸城は、室町時代の1457（長禄元）年、武蔵野台地の東端部に太田道灌が築いた平山城でした。大阪城や名古屋城など数ある名城と同様、自然の要害である台地の縁につくられたのです。1603（慶長8）年、徳川家康は江戸を開府したのち、天下普請での江戸城拡張に着手。神田山を崩した土で、「日比谷入江」と呼ばれる遠浅の海（現在の日比谷公園や新橋付近）を埋め立てました。さらに、江戸城東側の低地にある江戸の町を

水害から守るため、二代将軍・秀忠の時代には、平川の流れを新たに開削した神田川に付け替えるなど外濠川の工事を行いました。

この巡検では皇居を約一周しますが、江戸城の括りでいえば内堀一周巡検となります。スタートは、台地にある半蔵門駅の地上出口。そこから道を下って千鳥ヶ淵（③）へ向かいます。もともと千鳥ヶ淵は周囲の小河川の水をたたえる池でしたが、江戸城の防衛と飲料水確保のため、家康によってダム湖につくり変えられました。イギリス大使館付近の下り坂は、流入していた局沢川跡です（②）。江戸城にとって地続きという弱点がある西側に設けられた唯一の門、半蔵門（⑤）などを経て南へ向かいます。

←②イギリス大使館
一番町交差点を右折、かつて千鳥ヶ淵に注いでいた流れのひとつ（局沢川）にあたる道を北東へ。すぐに現れる古い石垣^{しちのへはん}はイギリス大使館です。もともとは七戸藩上屋敷や櫛羅藩上屋敷、七日市藩上屋敷、旗本水野兵部の屋敷があった広い敷地を有しています。

➡③千鳥ヶ淵
内堀通りとの交差点、皇居側（代官町通り側）に立つ派出所の横から見た千鳥ヶ淵。もともとは周囲の小河川が合流してできた大きな池でしたが、防衛と飲料水確保のため谷を堰き止めてダム湖に改変されました。奥の道路は、首都高速都心環状線です。

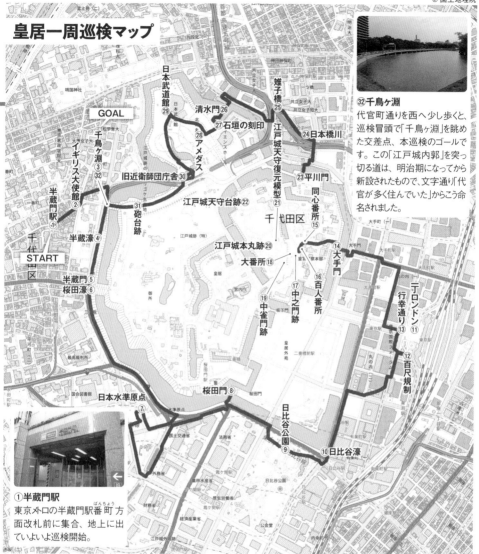

© 国土地理院

皇居一周巡検マップ

GOAL

START

- ⑳日本武道館
- ⑳清水門
- ⑳石垣の刻印
- ㉕雑子橋
- ㉔日本橋川
- ㉓平川門
- ㉘アメダス
- ㉑江戸城天守復元模型
- ⑮同心番所
- ㉒江戸城天守台跡
- ㉚旧近衛師団庁舎
- ③千鳥ヶ淵
- ㉜
- ②イギリス大使館
- ㉛砲台跡
- ㉑半蔵門駅
- ⑳江戸城本丸跡
- ⑱大番所
- ⑭大手門
- ④半蔵濠
- ⑯百人番所
- ⑪丸ロンドン
- ⑬行幸通り
- ⑤半蔵門
- ⑥桜田濠
- ⑲中雀門跡
- ⑰中之門跡
- ⑫百尺規制
- 千代田区
- ⑦
- ⑧桜田門
- 日本水準原点
- ⑨日比谷公園
- ⑩日比谷濠

㉜千鳥ヶ淵

代官町通りを西へ少し歩くと、巡検冒頭で「千鳥ヶ淵」を眺めた交差点、本巡検のゴールです。この「江戸城内郭」を突っ切る道は、明治期になってから新設されたもので、文字通り「代官が多く住んでいた」からこう命名されました。

①半蔵門駅

東京メトロの半蔵門駅番町方面改札前に集合、地上に出ていよいよ巡検開始。

◀④半蔵濠

千鳥ヶ淵公園から見た半蔵濠。半蔵濠は、1907（明治40）年以降に施された、千鳥ヶ淵を横断する道路工事のため二分された南側の濠です。

◀⑤半蔵門

江戸城の西側唯一の門。服部半蔵率いる伊賀組が警備を任されていました。江戸城に有事の際には、ここから逃げ出して甲府城に籠城することになっていました。現在は皇族も出入りする皇居にもっとも近い門で、厳重に警備されています。

←⑥桜田濠
千鳥ヶ淵〜半蔵濠と比べると水面が低く、深い濠だとわかります。自然の谷地形をさらに深く掘り下げて守りを固めています。濠が曲がっているのも自然地形を利用したからです。

↑⑦日本水準原点
1891 (明治24) 年5月、日本の標高を測る基準となる点がここに設置されました。水準点は、建物内の台石につけた水晶板の目盛の「0線の中心」です。台石上にあって地盤沈下の心配はありませんが、大地震のたびに少しずつ動いているようです。

➡⑧桜田門
正式名称は外桜田門で、本丸に近い内桜田門 (桔梗門) と対で命名されました。江戸城によく見られる枡形で、外側に高麗門、四角いスペース、そこを右に折れて内側の渡 櫓 門という防御性豊かな城門です。

←⑧桜田門
桜田門の石垣。黒い石は伊豆 (静岡県) の安山岩、白い石は瀬戸内海から運ばれた花崗岩 (いずれも火成岩) です。表面に、細い線の「すだれ仕上げ」(写真右右の中央) や、小さなドットを刻んだ「はつり仕上げ」があります。

↑⑩日比谷濠
家康は、日比谷入江の当地に濠をつくることで排水の機能をもたせました。掘削で出た土は街をつくる盛り土に使われ、埋め立てた街には上杉や毛利など外様大名を住まわせました。写真は1906 (明治39) 年、祝 田橋が建設されたことで二分された、凱旋濠と呼ばれる西側部分です。

↑⑨日比谷公園
江戸時代初頭まで、一帯は日比谷入江と呼ばれる浅い海でした。家康によって埋め立てられ大名屋敷地になり、明治後期に公園として整備されたものです。写真は、公園ができるまでは濠だった場所に整備された心字池です。

➡⑪一丁ロンドン
かつての丸の内は大名屋敷が並ぶ「大名小路」でした。その後、軍用地に利用されていましたが、軍の郊外移転にともない生まれた空き地、約10万4000坪を三菱が購入。何棟も建てた赤煉瓦の建物、その街並みがヨーロッパ風だったことから「一丁ロンドン」と呼ばれました。写真は東京駅丸の内口。

皇居の立地と武蔵野台地

皇居の東側は低地で、およそ西へいくほど標高が上がっています。江戸城が、武蔵野台地の縁、舌状台地の先端部に建てられているのがわかります。台地縁は一気に高低差がかせげるため、江戸を守る「防御」の意味で非常に有効な立地です。

- ■……6m 以下
- ■……6〜12m 以下
- ■……12〜18m 以下
- ■……18〜24m 以下
- ……24〜30m 以下
- ■……30〜36m 以下
- ■……36m〜

←⑫百尺規制

KITTE丸の内の屋上から見た丸の内の高層ビル。一定の高さまでは昔風の建物で、その上に高層ビルが載る構造をしています。これは、関東大震災後から1963（昭和38）年まで続いた、建物を百尺（約30m）より高くしてはいけないという「百尺規制」時代の街並みを再開発時に模したものです。

↑⑬行幸通り

長さ190m、幅73mある道路で、天皇の行幸をはじめとする皇室の行事に使用されます。正式名称は東京都道404号皇居前東京停車場線。

↑⑭大手門

「大手」とは城の正面を指します。つまりここは江戸城の正門、諸大名はここから登城しました。門は空襲で焼失しましたが、石垣自体は伊達政宗が普請した当時のままです。桜田門同様、右に折れる枡形門です。

自然の谷と人工の濠には違い

桜田濠（⑥）で濠の様相が変わります。谷が入り込んだ自然地形をさらに深く掘り下げた深い濠で、地盤が硬いため石垣で補強していません。対して、日比谷濠（⑩）など人工的につくった濠には石垣が組まれています。そして巡検は、彦根藩上屋敷跡にある日本水準点（⑦）に寄り道して桜田門（⑧）に。「桜田門外の変」で殺害された井伊直弼の登城ルートです。桜田門の美しい石垣を鑑賞したのち、かつての入江、日比谷公園（⑨）へ向かいます。その後は内堀に沿って進み、東京駅の西側、丸の内の開発エリアを経て大手門から皇居内に入ります。

⑮同心番所
番所とは警備詰所のこと。ここでは今の警察官に相当する同心と、同心の指揮官である与力が、訪問者に目を光らせていました。

⑯百人番所
100人の同心と20人の与力が昼夜交代で詰めていました。同心は、甲賀組、伊賀組、根来組、二十五騎組という4つの集団で構成されていました。

⑰中之門跡
江戸城で最大級の巨石が、布積みという技法で積まれた中之門の石垣。

⑱大番所
大手中之門の内側に設けられていた、位の高い武士が詰めていた番所。

⑳江戸城本丸跡
江戸城本丸御殿は、1606(慶長11)年に竣工しました。その後は地震、火災に見舞われるたびに建て直されましたが、1863(文久3)年の消失以後、再建されることなく機能は西の丸御殿に移されました。皇居が半蔵門に近い西の丸に置かれることになった理由は、当時、御殿が西の丸にあったためです。跡地の約3万4000坪の敷地には芝生が広がっています。

⑲中雀門跡
本丸の手前にある最後の門が中雀門です。ここも高麗門と渡櫓門の枡形で、写真は後者の石垣。色は黒ずみ、表面にもひび割れがありますが、これは大火に焼かれた痕です。この石垣は、明暦大火(1657年)で焼け落ちた天守の石垣を再利用したもの。1863(文久3)年には中雀門が焼失しており、この石垣は二度も大火に見舞われたようです。

➡㉑江戸城天守復元模型
資料が比較的多く残されていて、確かな時代考証に基づいた復元が可能な寛永期の天守を30分の1スケールで制作、展示しています。公開は、皇居東御苑開園日の午前9時から閉園時間の30分前まで(入場は閉園時間の45分前まで)。

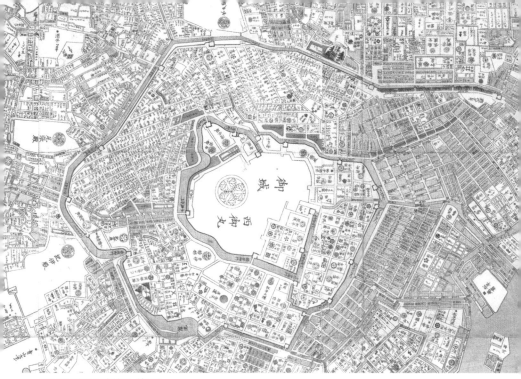

天保改正御江戸大絵図（部分）
江戸後期、天保14（1843）年につくられた古地図です。徳川家康の江戸入府後、江戸の町を水害から守るため内堀・外堀の開削など、多くの治水事業が行われました。そのひとつ、南流していた平川は江戸前島の付け根を横断するルートに流路変更され、それが現在の日本橋川の原形になっています。古地図の日本橋川は、小石川見附門の南でぷつりと切れていますが、これは埋め立てて堀留としたため。神田川から南流する、今の姿になるのは1903（明治36）年のことです。　　　　（所蔵：東京都公文書館）

数々の江戸城の遺構を見る

　大手とは城の正面のことです。巡検一行は、かつて大名が通った江戸城の正門をくぐり皇居東御苑へ向かいます。数々の江戸城の門がそうであるように、ここも防御力を高めた枡形門です。狭い高麗門、枡形の狭小スペースで敵軍の勢いを落とし、さらに右折させることで、もっと勢いを削ぐとともに上から攻撃できる工夫が凝らされています。

　皇居東御苑では、いわゆる警備の詰所だった番所跡、大火に焼かれた痕が残る門跡などを見たのち、芝生も美しい平坦地に築かれた本丸跡に。そして、江戸城天守復元模型の展示（公開時間は要確認）や天守台跡を経て、裏門という役目だった平川門からいったん外へ出ます。

➡22 江戸城天守台跡
現存する天守台は、東西約41m、南北約45m、高さは約11mあり、花崗岩（御影石）でできています。江戸城の天守は、家康、秀忠、家光と三代にわたって築き直されましたが、現存する天守台は、明暦の大火（1657年）で焼失したのち、加賀藩四代藩主・前田綱紀によって築かれたもので、天守そのものは再建されませんでした。

➡23 平川門
大手門が正門ならば、こちらは裏門のような存在です。女中の通用門として使われていたほか、鬼が出入りする「鬼門」の方向（北東）にあることから、江戸城内での死者や犯罪者がここから外に出されました。枡形門です。

↑㉔日本橋川

かつて日比谷入江に注いでいた平川が、開削、流路変更されて現在の日本橋川になったと考えられています。現在は、飯田橋付近で神田川と分かれて南流、皇居北方を南東方向に流れて隅田川へ注いでいます。江戸時代、日本橋川周辺は河岸が点在する、流通の拠点でした。

↑㉕雉子橋

江戸時代の雉子橋門跡近くで日本橋川に架かる橋。1629（寛永6）年に雉子橋門が設置された当時、橋は現在より100mほど上流にあったようです。明治後期には鉄橋に架け替えられ、1925（大正14）年には現在の橋に姿を変えました。

➡↓㉖清水門

もともとは、1624（寛永元）年に広島藩初代藩主・浅野長晟が建てた枡形の城門（写真右）です。現存する門は、明暦の大火で焼失したのち、1658（万治元）年の再建です。巡検も終盤戦に差しかかり、いく段もの長い階段（写真下）を上っただけでなかなかの疲労感。じつに攻めにくい門だと実感します。

➡㉗石垣の刻印

清水門から石積みの階段を上り切ったあたり、足元付近に積まれた石垣です。「何の印?」と思わせる、明らかに人の手による刻印があります。諸大名が各地の石切場から石を調達して工事する、天下普請の作業において便宜を図るためのものだったのでしょう。

近現代の遺産を見てゴール

　平川門の「平川」は付け替えられる前の神田川で、現在の日本橋川です。かつての平川本流（㉔）を首都高速の直下に見ながら雉子橋（㉕）を渡り、清水濠を左に見て、これも枡形の清水門（㉖）から北の丸公園へ入ります。江戸中期以降、西が御三卿の田安家、東が御三卿の清水家の屋敷となり、明治には軍用地になったエリアです。ここでは、気象庁が設置したアメダス（㉘）、日本武道館（㉙）といった現代の施設や旧近衛師団司令部庁舎（㉚）を見たのち代官町通りを西進、砲台跡（㉛）を最後に見て、再びの千鳥ヶ淵（㉜）で巡検はゴールです。

➡㉘アメダス
気象庁のアメダス東京観測所が、北の丸公園内にあります。正しくは東京・北の丸公園露場といい、東京都心の気象観測点がここです。温度計・湿度計、雨量計のほか感雨器、積雪計などが置かれています。

⬆㉙**日本武道館**
1964（昭和39）年の東京オリンピックの柔道競技会場として、北の丸の中央に建設されました。東京大学の入学式はここで開催されています。

⬆㉚**旧近衛師団庁舎**
北の丸に立つ赤煉瓦庁舎は、陸軍近衛師団司令部の建物で、2020（令和2）年までは東京国立近代美術館工芸館として使われていました。

⬆㉛**砲台跡**
戦中の1944（昭和19）年、皇居防衛のために設置された「千鳥ヶ淵陣地第98式高射機関砲」の台座跡。円形で360度回転できるしくみだったようです。

東大発祥の地は神保町？

（皇居一周巡検 ちょっと寄り道！）

　東京大学のキャンパスといえば駒場と本郷です。ところが地下鉄神保町駅からすぐ、「皇居一周巡検」の寄り道ルートでいうと「一ツ橋」（地下鉄の竹橋駅付近、巡検マップでいうと㉔付近）の交差点を北進、白山通りを数分歩いた右手に学士会館（千代田区神田錦町3-28）があり、その旧館正面右手に「東京大学発祥の地」と彫られた石碑が鎮座しています。どういうことなのでしょう。そもそも東京大学は、1877（明治10）年、当地にあった東京開成学校と、神田和泉町から本郷元富士町に移転していた東京医学校が合併して設立された日本初の大学です。当初は、法学部・理学部・文学部の校舎が当地に設けられました（1885年までに本郷へ移転）。まさしく当地は「東京大学発祥の地」であり、隣には「我が国の大学発祥地」という碑も設置されています。

© 国土地理院

学士会館の旧館正面玄関の横にある「東京大学発祥の地」の記念碑。

歴史色濃い下町から急発展する湾岸地域へ

隅田巡検

| 距離：約14km | 歩くエリア：東京都千代田区、台東区、墨田区、江東区、中央区 |
| 所要時間：約6時間 | 地形・地質ポイント：隅田川、五間堀、六間堀、仙台堀川、油堀川、八幡堀、大横川、月島川 |

災禍と再生を繰り返す町

本巡検は、隅田川沿岸部における水と暮らし、災禍と再生を大きなテーマに歩いていきます。ルートは秋葉原を出発し、江戸時代に浅草と一、二を争うほどの盛り場として賑わった両国周辺、下町情緒を今に残す本所・深川周辺を経て、今ではタワーマンションが屹立する月島・勝どきなどの湾岸エリアにも足を延ばします。延べ5区にまたがる、約14kmという長い道のりです。その間、たび重なる大火や関東大震災、先の大戦による災禍・復興だけでなく、たとえば、張り巡らされた運河の歴史に、江戸・東京の変貌も感じ取れることでしょう。

巡検スタート地点の秋葉原は、かつて水路で神田川とつながっていて、鉄道と船の結節点になっていました。JR総武線沿いを東に進み佐久間公園（②）で慰霊碑に手を合わせ、浅草橋駅を過ぎたら左折して国道6号を北へ。600mほど歩いたら右折、蔵前橋通りに入り国技館跡（③）や御蔵跡（④）、蔵前橋（⑤）と江戸から昭和にかけての当地の歴史を足早に巡ります。そして、隅田川を渡って台東区から墨田区に入り、最初に訪れるのが、幾度もの災禍を乗り越えた下町の象徴、横網町公園（⑥）です。

➡②佐久間公園
秋葉原駅から東へ約350m、普通の公園に見えますが、ここは「ラジオ体操会発祥の地」。1928（昭和3）年、ラジオ体操の先駆けとして「早起きラジオ体操会」が始められた場所です（上写真）。また、甚大な被害をもたらした東京大空襲の犠牲者を悼み、「戦災殉難者慰霊碑」も建てられています（下写真）。

◀①秋葉原公園
1890（明治23）年に現・東北本線を延伸するかたちで秋葉原貨物駅が開業、物流の北の玄関口となりました。鉄道輸送が舟運と連携していた時代で、現在のヨドバシAkiba付近に船溜まりが設けられ、そこから堀割の水路が神田川まで延び隅田川とつながっていました。この公園は、昭和30年代に埋め立てられた堀割の跡です。また、コンクリート橋脚ではなく鉄橋になっている総武線も水路があった証です。公園南に残る「佐久間橋」欄干も同様。水に関係する当地から巡検開始です！

隅田巡検マップ（序盤）

© 国土地理院

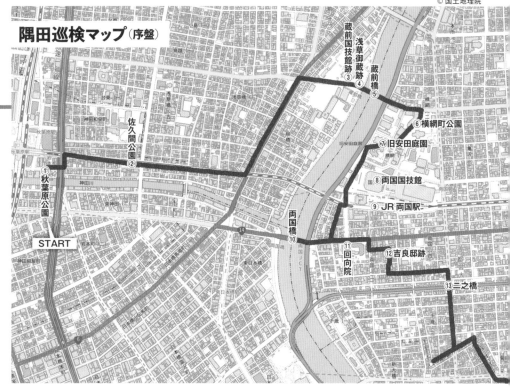

- ① 秋葉原公園
- START
- ② 佐久間公園
- ③ 蔵前国技館跡
- ④ 浅草御蔵跡
- ⑤ 蔵前橋
- ⑥ 横網町公園
- ⑦ 旧安田庭園
- ⑧ 両国国技館
- ⑨ JR両国駅
- ⑩ 両国橋
- ⑪ 回向院
- ⑫ 吉良邸跡
- ⑬ 三之橋

←③蔵前国技館跡

浅草橋駅を過ぎて国道6号を左折、しばし歩いて東西に走る蔵前橋通りを右折します。約200mいったところが蔵前国技館跡地。1984（昭和59）年に閉館し、現在は東京都下水道局北部下水道事務所になっています。蔵前橋通りは鳥越川の旧河道で、上野・不忍池から流れ出た水が三味線堀と鳥越川を経由、隅田川に注いでいました。

←④浅草御蔵跡

その名の通り、蔵前一帯には江戸幕府の米蔵が集積していました。天領（直轄地）から送られてくる米を保管した江戸最大の米蔵で、8筋の堀割もありました（大正初期に埋め立て）。弘化年間（1844〜1848年）には67棟356戸前の蔵があったといいます。

←⑤蔵前橋

蔵前橋通りが隅田川を渡る上路式アーチ橋です。関東大震災復興のため1924（大正13）年9月に着工、1927（昭和2）年11月に竣工しました（左写真）。高欄には、横綱のレリーフが施されています。右の写真は、蔵前橋の袂から北東方向を見ています。左隅に見える橋は、3連アーチの厩橋です。

↑⑥横網町公園

関東大震災時、広大な更地だった当地に人々が避難しましたが、発災3時間後の熱風や火災旋風で3万8000人もの方々が亡くなる結果になりました。右の写真は、その遺骨を納める霊堂として建てられた震災記念堂、現在の東京都慰霊堂です。左の写真は、東京都復興記念館の屋外展示物で、震災の火によって、シャシだけを残し融解した「自動車の焼骸」。これはかつて、明治屋がキリンビールの宣伝に用いた自動車で、警視庁登録番号の第1号だったため、「ナンバーワン自動車」と呼ばれていました。

↑➡⑦旧安田庭園

元禄年間(1688～1703年)に築造された大名庭園で、浜離宮などと同様、隅田川から水を引いて貯水量を変化させ、潮の満ち引きを演出したそうです(潮入回遊庭園)。上はその水門跡です。明治維新後、旧備前岡山藩主池田侯の邸となり、その後は安田財閥の安田善次郎氏の所有となった後、東京市に寄附されました。

国技館ほか両国を満喫

　続いては、公園の南に位置する旧安田庭園(⑦) へ。江戸時代には幕府の資材置き場だった御竹蔵に隣接し、隅田川から水を引いて干満を演出していたそうです。

　次に訪れるのは大相撲の聖地、「緑青の大屋根」で知られる両国国技館(⑧) です。日本相撲協会は、両国貨物駅跡を廉価で購入し、当時の春日野理事長 (元横綱・栃錦)と二子山事業部長 (元横綱・初代若乃花)

の奔走により、150億円超の総工費を無借金で支払う離れ業を演じ話題になりました。

　続いて、歴史ある両国駅(⑨)、隅田川に架かる2代目・両国橋(⑩)、幕府が認めた寺社での勧進相撲を行い、のちに初代・両国国技館が建った回向院(⑪)、赤穂事件の吉良邸跡(⑫) と両国を満喫します。そして、池波正太郎の『鬼平犯科帳』に「二ツ目橋」として登場する二之橋(⑬) で竪川を渡ると本所深川エリアに入ります。

⑨ JR 両国駅
1904（明治37）年に総武鉄道のターミナル駅として開業。駅北側には貨物駅もあって、秋葉原駅と同様に隅田川と運河で結ばれ舟運と結節していました。また、房総半島への玄関口として大いに賑わいました。それも今は昔、旧駅舎が複合飲食施設として再開発されています。

⬆⑧両国国技館
初代は、大相撲の起源とされる勧進相撲が行われた回向院の境内にありましたが、戦後、GHQに接収され、相撲は聖地・両国を離れます。時を経て、両国貨物駅跡を相撲協会が購入、1984（昭和59）年に竣工したのが現在の2代目の両国国技館です。

⬅⑩両国橋
広い国技館通りを南進、国道14号との丁字路を右に曲がって間もなくすると隅田川に架かる両国橋です。古くは、江戸防御の意味合いから千住以外に橋はありませんでしたが、明暦の大火での死者が相次いだことから当地に橋が架かることに。橋の延焼を防ぐため両端には火除け地が設けられ、その名残として不自然な三角形区画が現存します。現在の橋は1932（昭和7）年竣工の2代目です。

⬆⑪回向院
1657（明暦3）年の「明暦の大火」で、無縁仏となった死者を供養するために開かれた寺院です。鼠小僧の墓があるほか、江戸時代の勧進相撲の一大拠点として知られ、1909（明治42）年には初代両国国技館が境内に建てられました。

⬆⑫吉良邸跡
江戸時代、武家地が不足すると隅田川東岸にある幕府の材木蔵（御竹蔵）が武家地に転用されるようになります。吉良上野介義央の屋敷もその一部ですが、赤穂事件後は町人地（本所松坂町）に変わりました。広大な吉良邸の敷地の一部が、遺構として復元されています。

⬆⑬二之橋
吉良邸をあとにして南へ。馬車通りを東進し清澄通り（都道463号）に出て右折、竪川に架かる二之橋を渡ります。本所エリアは明暦の大火後に開発され、排水の便をよくするため竪川や横川が開削されました。そして竪川には、隅田川に近い順に一之橋、二之橋……と6橋が架けられました。現在の橋は1998（平成10）年の竣工です。

↑⑭五間堀跡を南西に

水路幅が約5間（約9m）あったことから命名された運河跡に入ります。開削年ははっきりしませんが、1671（寛文11）年の『新板江戸外絵図』（下図）には、五間堀と思われる水路が描かれており、少なくともそれ以前には存在していたようです。このあと六間堀との分流点に向かいます。

© 国立国会図書館

1671（寛文11）年に発行された『新板江戸外絵図 深川、本庄、浅草』の一部を拡大しています。ご覧の通り、北に竪川、南に小名木川に挟まれたエリアには、南北に曲がった水路、そこから分岐して三角形を描く水路があります。これらは六間堀と五間堀であると推測されます。

ふたつの運河跡を辿る

　二之橋を渡って清澄通りを300mほど南進したところで通りの左右を見ると、斜めに貫く道があることに気づきます。五間堀という運河跡で、現在は墨田区と江東区の区境でもあります。運河跡を南西方向に進む（⑭）と、突き当たりにあるのが六間堀児童遊園（⑮）。その名の通り、六間堀という運河跡にある公園で、運河は北の竪川と南の小名木川を結んでいました。じつは五間堀は六間堀からの

↑⑮六間堀児童遊園

この公園付近で六間堀から五間堀が分かれていました。六間堀は幅が約六間（約11m）の運河で、五間堀よりも先の竣工です。北の竪川と南の小名木川を、カーブを描いて結んでいました。開削年代は不明ですが、『新板江戸外絵図』に描かれている上に、1596（慶長元）年には六間堀村という村が当地に成立していたことから、より古い時代にあったと推測されます。不自然なカーブを描く理由もわかっていません。

↑⑯五間堀公園

清澄通りの東側、北東へ流れる五間堀の跡が公園に整備されています。このあと水路は、ほぼ直角に曲がりますが、なぜその形になったのかはわかっていません。また五間堀は当初、現在の森下3丁目5番付近で堀留になっていました。1876（明治9）年頃、付近の地主だった尾張徳川家らが私費で開削し小名木川へ接続させたようです。

分流で、公園付近で分かれていました。五間堀跡を戻って、清澄通りを渡った先にあるのが五間堀公園（⑯）です。すると流路跡は、公園の東端部で突然90度近く曲がっています。理由はわかりませんが、五間堀（区境も！）はここで、急に南東へ向きを変えます。

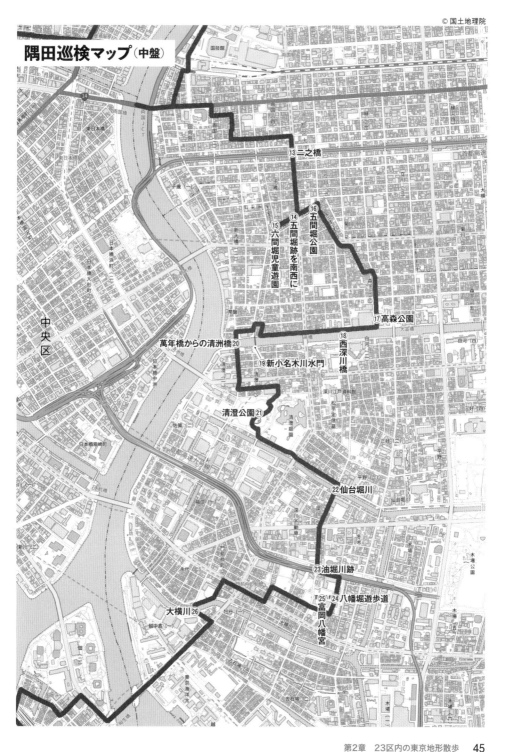

隅田巡検マップ（中盤）

中央区

⑬ 二之橋

⑯ 五間堀公園
⑭ 五間堀跡を南西に
⑮ 六間堀児童遊園

⑰ 高森公園

⑱ 西深川橋

萬年橋からの清洲橋⑳
⑲ 新小名木川水門

清澄公園㉑

㉒ 仙台堀川

㉓ 油堀川跡

㉕ ㉔ 八幡堀遊歩道
大横川㉖ 富岡八幡宮

© 国立国会図書館

地本問屋の尾張屋が1849〜1862(嘉永2〜文久2)年にかけて全32図刊行した『江戸切絵図』の一幅「本所深川絵図」です。本巡検で巡った、江戸時代に築かれた運河やその跡地がわかります。

↑⑰高森公園
五間堀の終点、小名木川との接続部は公園になっています。南端部は最後まで水があった区間で、1979(昭和54)年に埋め立てられました。旧中川と隅田川を結ぶ小名木川は、江戸入府後の家康の命令で千葉県行徳の塩を江戸城へ運ぶために開削された一直線の運河です。完成したのは慶長年間(1596〜1614年)といわれています。

⬅⑱西深川橋
関東大震災の復興事業の一環として、小名木川に架けられた「震災復興橋梁」のひとつ。1930(昭和5)年に竣工したトラス橋です。

⬅⑳萬年橋からの清洲橋
小名木川の第一橋梁である萬年橋から見た、隅田川に架かる清洲橋です。関東大震災後、男性的な永代橋と対になるように架けられた、女性的なやわらかさをもつ吊り橋で、東岸の「清澄町」と西岸の「日本橋中洲」という地名から命名されました。また、萬年橋から見える清洲橋の姿は、ケルン市(ドイツ)のライン川に架かる吊り橋を連想させることから「ケルンの眺め」といわれています。

↑⑲新小名木川水門
1961(昭和36)年竣工。台風などによる高潮の侵入を防ぐための水門で、緊急時はゲートを閉鎖します。北側がかつての六間堀の南端部ですが、堀は1959(昭和34)年頃までにすべて埋め立てられました。小名木川は、東側は工業用水の汲み上げによる地盤沈下で海抜0m地帯となったため、この西端部とは3〜4mの高低差があります。水門から少し東に、水位を調整して船を通す閘門が設置されています。

➡㉑清澄公園
1878(明治11)年、大名屋敷の池庭があったというこの地を三菱財閥創業者の岩崎弥太郎氏が購入、造営した清澄庭園(入園有料)と、西隣には清澄公園(同無料)があります。ここで巡検は小休止します。

2本の運河を渡り運河跡へ

　五間堀跡を歩いていくと、小名木川との合流地点は高森公園（⑰）という細長い公園になっています。じつはこの終端部、左ページの古地図にまだ描かれていないように、あとから開削された延伸部です。都市化にともなって、2本の運河が埋め立てられていくなか、なぜかここは1979（昭和54）年まで水が溜まっていたようです。

　巡検は、江戸発展を支えた舟運の要でもある運河、小名木川沿いを西へ歩いていきます。道中には関東大震災の復興事業で架けられた西深川橋（⑱）、六間堀の南端部につくられた新小名木川水門（⑲）があり、隅田川との合流点にほど近い萬年橋からは、これも大震災復興事業で隅田川に架けられた清洲橋（⑳）を望みます。

　小名木川を渡り南進し清澄公園（㉑）で小休止のあとは、これも運河の仙台堀川（㉒）沿いを経て南進、深川の住工混在地域を歩き、首都高速9号深川線の高架下の油堀川（㉓）という運河跡に出ます。

➡㉒仙台堀川
寛永年間（1624～1644年）に開削された堀で、北岸（現・清澄公園の西隣）に仙台藩の蔵屋敷があったことから仙台堀と呼ばれました。その後、砂町運河と合わせて仙台堀川と改称。また、大横川との合流地点から東側が埋め立てられ、約3.7kmの親水公園「仙台堀川公園」が整備されています。

⬅㉓油堀川跡
元禄年間（1688～1704年）に開削された隅田川と木場を結ぶ運河跡です。流域に数多い油問屋や油商人会所もあったことから命名されました。1975年（昭和50）年までには埋め立てられ、直上に首都高速9号深川線（高架）が建設されました。

もっと知りたい 隅田巡検

五間堀・六間堀の移ろい

　五間堀と六間堀が埋め立てられるまでの経緯を見てみましょう。開削年はどちらもはっきりしませんが、五間堀が南へ延伸して全通したのは1876（明治9）年頃。江東区発行の『江東区の歴史』（1976年）によれば、両運河の用途は「灌漑と水運」でした。とりわけ、江戸建設のため各地からの物資を運ぶ小名木川水運を支えるため、船の運航そのものだけでなく、係留や退避などでも活躍したようです。ところが、昭和初期の頃には水運の役割が低下。五間堀は水質悪化も著しく、1936（昭和11）年から翌年にかけて埋め立てられます。なぜか残された明治の延伸部の多くは1955（昭和30）年頃に、南端部（今の高森公園）は1979（昭和54）年に埋め立てられました。六間堀も、戦災で生じた瓦礫を処理するため、1949（昭和24）年から翌年にかけて、小名木川への接続部を残して埋め立てられます。接続部が埋められたのは1959（昭和34）年頃のようです。右の航空写真でも、両運河の変遷の一端がおわかりになるでしょう。

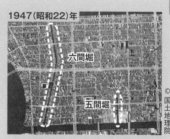

1947（昭和22）年
六間堀
五間堀
©国土地理院

1975（昭和50）年
新小名木川水門
南端部は未工事
©国土地理院

←㉔八幡堀遊歩道

八幡堀遊歩道は、かつて富岡八幡宮をぐるりと囲んでいた八幡堀の東側を埋め立てて整備されました。さまざまな遺構がありますが、とくに目を引くのが写真の八幡橋と呼ばれる赤い鉄橋です。これは1878（明治11）年に東京市京橋区（現・中央区）の楓川に架けられた弾正橋を移設したもので、わが国最古の鉄橋として国の重要文化財に指定されています（移設時に八幡橋と改称）。

八幡堀遊歩道には、1932（昭和7）年、大横川に架けられ江東区木場5丁目と6丁目を結んでいた初代・新田橋も保存されています。

←㉕富岡八幡宮

1627（寛永4）年に創建され「深川の八幡様」と庶民に親しまれてきた、江戸最大の八幡宮です。隣に位置する別当寺の永代寺とともに門前町を形成しています。1684（貞享元）年、寺社奉行の許しを得て、初めて勧進相撲が行われた「大相撲発祥の地」としても知られています。

➡㉖大横川

万治年間（1658～1661年）に竪川や横十間川、源森川（現・北十間川）とともに開削された運河です。業平橋付近で北十間川から分かれて南流、東西線の木場駅付近で西に向きを変えて隅田川へ注ぎます。竪川、小名木川、仙台堀川、平久川と交差します。

↑㉗越中島公園

晴海運河の河岸にある公園からは、西の対岸にタワーマンション群を見ることができます。対岸はかつての石川島で、江戸時代には無宿人の自立支援施設「人足寄場」がありました。このとき別々の島だった石川島と佃島は、浅瀬を埋め立ててひとつの島になったのです。幕末には日本初の洋式造船所「石川島造船所」が建設され大発展しましたが1979（昭和54）年に閉鎖。跡地は、1986（昭和61）年着工の「大川端リバーシティ21」といわれる再開発地域に変身しました。

佃小橋から勝鬨橋へ

　油堀川跡を少し東へ歩くと次のスポット、富岡八幡宮（㉕）を囲んでいた運河跡につくられた八幡堀遊歩道（㉔）にやってきます。さまざまな遺構がありますが、とくに印象的なのは「日本最古の鉄橋」八幡橋でしょう。国の重要文化財に指定されている、技術価値の非常に高い遺構です。遊歩道にある独特な凹凸、橋の遺構に、ここがかつて運河だったことを感じられます。

　富岡八幡宮や深川不動堂の門前を経て、越中島橋で大横川を渡ります（㉖）。その後

は相生橋の手前、越中島公園（㉗）から晴海運河対岸を眺めます。そこはかつて重工業の町として栄えた旧・石川島で、今やタワーマンションが林立しています。

　巡検はいよいよ最終盤。タワマンを借景に、もともと東西2島に分かれていた佃島に架かっていた佃小橋（㉘）に往時を偲び、1940（昭和15）年竣工の重厚な勝鬨橋（㉚）を眺めゴールを目指します。

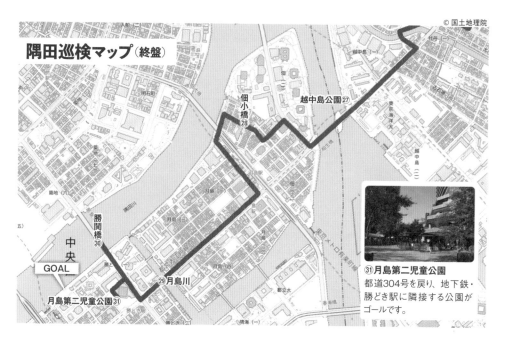

© 国土地理院

隅田巡検マップ（終盤）

越中島公園 ㉗

佃小橋 ㉘

勝閧橋 ㉚

中央

GOAL

㉙ 月島川

月島第二児童公園 ㉛

㉛月島第二児童公園
都道304号を戻り、地下鉄・
勝どき駅に隣接する公園が
ゴールです。

㉘佃小橋
佃の地名は、徳川家康が入府
する際、摂津国佃村の漁師を
移住させたことに由来します。
紆余曲折、彼らは石川島の南
側にあった干潟を造成、長い時
をかけて1644（正保元）年に佃
島を完成させました。初代の佃
小橋は、その頃に架けられたと
いわれています。現在の橋は1984（昭和59）年竣工です。なお、佃村
の漁民が小魚を醤油で煮込んだ保存食が佃煮のルーツとされています。

㉙月島川
隅田川から月島川水門（写真奥）を経て分流、
南東方向の朝潮運河へ注ぐ全長500mほど
の河川です。明治期に埋め立てて造成した、
月島1号地と2号地のあいだの埋め残された
水面が月島川で、今では中央区勝どきと月島
の境界線になっています。

㉚勝閧橋
1940（昭和15）年に晴海で開催予定の日本万国博覧会
のメインゲートとして建設が始まったものの、戦局悪化で万
博は中止に。それでも橋は1940（昭和15）年に完成。都
心へ向かう橋がなく、「月島の渡し」や「勝閧の渡し」などの
海上交通に頼っていた地域住民の宿願が叶いました。最
大の特徴は、大型船舶も橋下を通れる可動式の跳開橋とい
う点。全盛期には1日5回、各20分ほどハの字形に橋
が開いていました。1970（昭和45）年を最後に跳開は取り
止めとなりましたが、橋の中央部に残る信号機や制御室に
その面影をとどめます。

東京23区では貴重な渓谷と高級住宅地をいく

等々力・田園調布巡検

距離：約10km	歩くエリア：東京都世田谷区、大田区、神奈川県川崎市中原区
所要時間：約5時間30分	地形・地質ポイント：等々力渓谷、武蔵野台地、田園調布台、国分寺崖線、谷沢川、丸子川

台地と崖線と渓谷をいく

　等々力と書いて「とどろき」と読みます。地名の由来はじつに簡単で、「ごうごうと音がとどろく」ところからきています。全国に点在する地名です。

　東京都世田谷区の等々力には、23区内では数少ない「渓谷」があります。等々力駅付近からは南流して多摩川へ注ぐ谷沢川が、武蔵野台地につくった等々力渓谷です。今は護岸工事されていますが、往時、川や滝がごうごうと音を立てていたのでしょう。

　本巡検は、武蔵野台地やその崖、前出の等々力渓谷、高い台地に築かれた高級住宅地・田園調布を経て、多摩川河岸へ至る約10km、約5時間半という行程です。

　広大な武蔵野台地には、かつての多摩川が高位から武蔵野面、立川面と呼ばれる河成段丘をつくりました。段丘の境目は、段丘崖（だんきゅうがい）と呼ばれる崖になっています。そのうち、武蔵野面の南の境目となる段丘崖を基本的に国分寺崖線といいます。その名の通り、国分寺市付近から北西〜南東方向、田園調布を過ぎたあたりまで非常に長く続く崖で、本巡検で巡る世田谷区・大田区といった多摩川下流域では立川面が、より新しい沖積低地（ちゅうせきていち）に埋もれているため、段丘崖は相対的に多摩川にもっとも近くなっています。

↑③玉沢橋
上野毛2丁目の歩道橋付近から環状8号線（都道311号）を東進、10分ほどで小さな橋を渡ります。この直下が、このあと歩く等々力渓谷です。

←②上野毛自然公園
一見すると狭めの平坦な公園ですが、武蔵野台地（武蔵野面）の縁、国分寺崖線上に立地しています。崖に張り巡らされた階段（上）、崖下の湧水（下）など崖線を体感できます。

※本巡検（撮影）は2023（令和5）年9月1日に実施しましたが、2024（令和6）年2月1日現在、樹木等の倒木の危険があるため遊歩道の通行ができません。その後の詳細については、世田谷区のホームページ等でご確認ください。

等々力・田園調布巡検マップ（前半戦）

マップ内のラベル:
- ① 上野毛駅
- START
- ② 上野毛自然公園
- 等々力渓谷（玉沢橋下）⑥
- ⑤ ゴルフ橋
- ④ 等々力渓谷入り口
- ⑯ 尾山台駅
- 玉沢橋 ③
- ⑦ 等々力渓谷 3号横穴
- 渓谷の湧水 ⑧
- ⑨ 不動の滝の北側露頭
- 矢川橋付近の谷沢川 ⑪
- ⑭ 御岳山古墳
- 交差する谷沢川と丸子川 ⑫
- ⑩ 不動の滝
- ⑮ 狐塚古墳
- 玉川排水樋管 ⑬
- ㉑ 田園調布の街並み
- ㉒ 田園調布駅
- 急坂 ⑰
- 馬坂 ⑱
- 勾配24％の無名坂 ⑲
- ⑳ 宝来公園

① 上野毛駅
1929（昭和4）年開業、東急大井町線の当駅より巡検スタート。

© 国土地理院

急に河道を曲げる谷沢川

　東急大井町線の上野毛駅（かみのげえき）を出て、最初のポイントが上野毛自然公園です（②）。国分寺崖線と崖下からの湧水を堪能します。

　環八通りを進み、このあと渓谷に架かっているとわかる玉沢橋（③）を渡り、その後北へ。次に向かうのは、等々力駅前に突然現れる等々力渓谷の入り口です（④）。

　階段から河岸に下りると、谷沢川に架かる赤色のアーチ橋・ゴルフ橋が出迎えます（⑤）。反対の上流方向に目を向けると、谷沢川は大きく左へ河道を曲げているのがわかります。ここで、53ページの色別標高図をご覧ください。谷沢川の東には、国分寺崖線に平行して、呑川の支流である九品仏川（くほんぶつがわ）（現在は全区間で暗渠）が流れています。図はうっすらと色を変えており、谷沢川上流がそのまま東流して九品仏川に合流していた時期があったことを示唆しています。

↑④等々力渓谷入り口
歩き始めて約50分、いよいよ等々力渓谷の入り口（ゴルフ橋付近）に到着。これから、全長約700m、谷の深さは最大18mほどある東京23区では貴重な渓谷を歩きます（上写真）。下の写真は、最寄り駅の東急大井町線・等々力駅。木造上屋が残る、鉄道遺産感たっぷりの駅です。

⬆➡⑤ゴルフ橋

昭和初期、この付近に東急が開発したゴルフ場があったことに由来するアーチ鋼橋です（上写真）。橋の上流側で、渓谷を流れる谷沢川が不自然に90度近く曲がっています（右上写真）。この屈曲が、河川争奪（谷頭を伸ばした谷沢川が、東を流れていた九品仏川の上流部を奪い取ったという説）によって自然にできたのか、開削という人為的なものなのかは判然としません（前者を推す声は多いようですが）。遊歩道が整備されている下流へ向かって歩いていきます（右下写真）。

⬅⑥等々力渓谷（玉沢橋下）

先ほど歩いた環八・玉沢橋の下までできました。等々力渓谷は、武蔵野台地に古多摩川がつくった段丘（武蔵野面）の南の境目となる崖、国分寺崖線に開析された谷筋です。崖線からの湧水が土地を侵食、谷沢川を取り込んでできました。谷沢川の源流は、世田谷区用賀付近の湧水といわれています。

➡⑦等々力渓谷 3号横穴

古墳時代末期から奈良時代にかけて、谷地の崖に横穴が掘られました。谷沢川左岸、武蔵野台地の崖にある等々力渓谷横穴群は、当地の有力な農民の墓と考えられていて、これまでに6基以上見つかっています。写真の3号横穴のみ完全形で現存し、近くに1号横穴跡および2号横穴跡もあります。

⬅⑧渓谷の湧水

等々力渓谷には30カ所以上の湧水地があり、その一部は窪地に集まって湿地をつくっています。急激な都市化で悪化していた谷沢川の水質が、ゴルフ橋から下流にいくほど改善されていることから、川に流れ込む湧水の恩恵が認められます。

等々力・田園調布巡検エリアの色別標高図

巡検地は武蔵野台地の南縁に位置し、多くが武蔵野面上です。図の左上から右下にかけて、狭い範囲でオレンジ色から黄色、黄緑色に変わる緑部分は、武蔵野面から沖積低地（本来あるはずの立川面が埋もれています）への境目、国分寺崖線という古多摩川がつくった段丘崖です。また、同心円状に開発された田園調布駅の西側など、より標高の高い台地は、約12万年前、一帯が海だった頃に堆積した下末吉面に相当する高位の段丘面で、田園調布台（荏原台の一部とも）といわれます。

- ■…5m 以下
- ■…5〜10m 以下
- ■…10〜15m 以下
- ■…15〜20m 以下
- ■…20〜25m 以下
- ■…25〜30m 以下
- ■…30〜35m 以下
- ■…35〜40m 以下
- ■…40〜45m 以下
- ■…45m〜

↑⑨不動の滝の北側露頭

稚児大師堂の対岸、不動の滝の北に位置する露頭では、下から黒っぽい東京層に含まれると考えられる粘土層、文字通り礫（小石）が交じった武蔵野礫層、武蔵野ローム層が見られます。

↑➡⑩不動の滝

武蔵野礫層と不透水層の東京層のあいだからの湧水が「龍の口」から出ています（左写真）。夏の茂みが邪魔をしていますが、右写真の下から、東京層、武蔵野礫層、武蔵野ローム層、白っぽい東京軽石層が見られます。また、台地上には平安時代末期の創建とされる万願寺、その別院・等々力不動尊が鎮座しています。

武蔵野台地の地層を見る

　なぜ、谷沢川は等々力駅近くで流路を曲げているのでしょう。その理由として、まず挙がるのが、谷沢川が北へ谷頭を伸ばして九品仏川の上流部を奪い取ったとする「河川争奪」説です。もうひとつが、九品仏川の水を多摩川に流すために行った河川改修によりできた放水路の名残が谷沢川下流（等々力渓谷）だとする「人工開削」説です。ところが、ともに確かな証拠がなく、決め手を欠いています。

　渓谷を南進し、やがて頭上に見えてくるのが先ほど渡った玉沢橋です。その先の左岸には、須恵器などが発見されている8世紀前半の横穴墓群（⑦）があり、古くから人の営みがあったことを印象づけます。歩を進めると、不動の滝付近に渓谷の地層をじっくり見られる露頭があります（⑨⑩）。下から、東京層に含まれると考えられる粘土層、小石が交じった武蔵野礫層、火山由来の武蔵野ローム層、白っぽい東京軽石層など、武蔵野台地を特徴づける地層が見られます。

⟸⑪矢川橋付近の谷沢川

不動の滝から少し歩いたところにある階段を上がって、地上に戻りました。蛇行する谷沢川右岸を歩いて最初の橋がここ。渓谷を流れていた川は、護岸整備された都市部を流れる川に趣を変えます。

↑⑫交差する谷沢川と丸子川

国分寺崖線を抜けた谷沢川が、西から流れてきた丸子川と交わります。丸子川はかつて、六郷用水という農業用水の一部区間で、当時はここで谷沢川の上を横断していました。用水の役目を終えた今は、谷沢川に合流し南流しています(中写真)。これは氾濫を繰り返してきた2河川の治水対策のひとつで、さらに現在、用賀～等々力の地下に約3.2kmの分水路を通す工事が進行しています。シールドマシンが掘削しているのは、上総層群の泥岩層という比較的硬い地層です。いっぽう、丸子川は六郷用水跡を東へも流れています(右写真)。その水は、ここでポンプを使って汲み上げたものです(左写真)。

➡⑭御岳山古墳

国分寺崖線南端(武蔵野台地の縁)エリアにつくられた帆立貝形古墳で、野毛古墳群のひとつ。この古墳群は、巡検後半で訪れる多摩川古墳群(田園調布

古墳群)と合わせて、50数基からなる荏原台古墳群をなしています。写真からも、標高31mほどの舌状台地先端にあるのがわかります。

↑⑬玉川排水樋管

ここで谷沢川は多摩川に合流しています(上写真)。対岸は川崎市で、流れの先には川崎再開発のシンボル、武蔵小杉のタワーマンション群が見えます(下写真)。

➡⑮狐塚古墳

円墳と推定されている野毛古墳群のひとつ。世田谷区は区立公園(狐塚古墳緑地)として整備、保全しています。

➡⑯尾山台駅
行程の長い巡検です。東急大井町線の当駅付近で食事休憩に。

➡⑰急坂
田園調布5丁目にある、その名も急坂。道路標識によると勾配は20%で、このあたりではごく普通。国分寺崖線おそるべし、です。

➡⑱馬坂
急坂のすぐ南にある同じような急勾配の坂道です。大正の頃まで、このあたりでは唯一、馬が引く荷車で台地へ上れる坂道だったため

馬坂と命名されました。宅地開発前は竹藪が広がっていたようです。

用水交差点から急坂銀座へ

等々力渓谷を下流側に抜けて、そのまま谷沢川沿いを歩くと、東西に流れる丸子川と交差する地点に出ます（⑫）。丸子川はもともと六郷用水という用水跡の下流部分を整備してつくられた河川で、谷沢川の上を立体交差で流していたため、「合流」ではなく「交差」です。今ではいったん合流させた水をポンプで汲み上げ、それを丸子川下流へ流して用水跡を保存しています。

一行は南進し、谷沢川の多摩川への合流点（⑬）に到達。対岸には、武蔵小杉の再開発エリアなどを見ることができます。

このあとは国分寺崖線を経て、武蔵野台地へ上がっていきます。崖線の南端エリアには古墳が多数あり、巡検でも野毛古墳群の2基を見ていきます（⑭⑮）。

㉙多摩川駅
東横線と多摩川線が乗り入れている当駅がゴール。

㉑田園調布の街並み

㉒田園調布駅

⑰急坂
⑱馬坂

⑳宝来公園

⑲勾配24%の無名坂

㉓田園調布せせらぎ公園

GOAL

㉙多摩川駅

㉘多摩川台公園
㉗丸子川下流
㉖多摩川浅間神社

㉔丸子橋

㉕丸子橋の広場

等々力・田園調布巡検マップ（後半戦）

© 国土地理院

➡⑲勾配24%の無名坂
武蔵野台地の縁、崖線至近に位置する田園調布エリアは坂道銀座。こちらは田園調布4丁目にある勾配24%の急な坂。巡検ルート外には、階段にしないと危険では？と思えるほどの勾配26%というつわものもあります。

そして尾山台駅近くで休憩後、武蔵野台地の縁を歩きながら、崖線の坂を体感します。国分寺崖線は一般に高低差は約20mで一定ですが、田園調布周辺は30mほどもあります。その崖には坂が多くあり、いわば急坂銀座の様相です（⑰～⑲）。

⑳宝来公園

田園調布株式会社が周辺開発に際して、武蔵野の旧景を後世に残すため、一部エリアを公園用地として残しました。1936（昭和11）年、寄付された東京市によって整備されたのがこの公園で、1950（昭和50）年には大田区に移管されました。公園内の池からは湧水が流れ出ています。公園は、これらの流れがつくったと思われる谷に位置します。

↑㉒田園調布駅
ここまでが前半戦です。駅名は、1923（大正12）年の開業当時の村名、調布村から命名されました。写真のように、駅西口には趣ある旧駅舎が復元されています。

↑㉑田園調布の街並み
駅を中心にして、西に広がる半円状のエリアが田園調布でもとくに高級な住宅街で、エトワール形の放射環状道路が特徴的です。田園調布3丁目10を右折、駅に向かう通りにも緑があふれ、静けさのなかに品のよさを感じます。

㉓田園調布せせらぎ公園

かつて当地には多摩川園遊園地という遊園地があり、閉園後はテニスクラブになっていた東急東横線・多摩川駅東側の土地を大田区が整備した公園です。国分寺崖線の崖下にあたる園内には十数カ所の湧水（遊水池はふたつ）があり、小さいながら田んぼがつくられています。

㉔丸子橋

多摩川下流、東京都大田区田園調布本町と神奈川県川崎市中原区上丸子八幡町のあいだに架かる中原街道の橋です。左の写真は2000（平成12）年竣工の2代目。初代は1934（昭和9）年の竣工。架橋される前は、丸子の渡しという渡し船で多摩川を渡っていました。丸子橋からは、北に東急線（東横線・目黒線）、南に東海道新幹線（右写真）やJR在来線を見ることができます。

↑㉕丸子橋の広場
丸子橋を渡った多摩川右岸の河川敷には、グラウンドや広場が充実しています。写真は丸子橋第2広場と多摩川駅を出たばかりの東急線。

↑㉖多摩川浅間神社
武蔵野台地末端に立つ、鎌倉時代初期の創建と伝わる神社。社地には古代、前方後円墳が築かれていて、本殿はその後円部にあたります。

↑㉗丸子川下流
国分寺崖線の崖下を流れる小川が、谷沢川との交差で見た丸子川の最下流です。多摩川への合流点はルート手前、浅間神社の南に位置しています。

日本型田園都市の一等地

田園調布の高級住宅地が築かれた台地は、武蔵野面よりも一段高い下末吉面に相当する段丘面です。これが高低差 30m の急崖を生んでいるわけです。なお、田園調布は、田園都市株式会社（現・東急不動産）がイギリスのハワードが提唱する「田園都市論」をベースに、豊かな自然を保ちながら大都市に付属する「日本型田園都市」建設を目指して開発した街です。

最後に、国分寺崖線下からの湧水、多摩

➡㉘多摩川台公園
台地にある、かつて多摩川の水を汲み上げていた調布浄水場の跡地。園内には、亀甲山古墳と宝萊山古墳の大型前方後円墳と、8基からなる多摩川台古墳群があります（この10基を田園調布古墳群という）。

川河川敷、先ほど確認した丸子川の最下流域などを見て再び台地へ上がり、東急線の多摩川駅で巡検はいよいよゴールとなります。

今はなき田園コロシアム

日本のテニス史に欠かせないコートが、田園調布にあったことをご存じでしょうか。1934（昭和9）年、田園調布駅から南へ徒歩約5分、現在もテニスコート14面を有する会員制クラブ「田園テニス倶楽部」が誕生します。2年後、同地に多目的スタジアム「田園コロシアム」が完成。この田園コロシアムこそが、日本初の国際試合のほか、デビスカップ、ジャパンオープンなどを開催した国内テニスの中心地だったのです。また、サザンオールスターズをはじめ多くのミュージシャンがコンサートを開催したほか、マンガ『キン肉マン』には、数々の名勝負会場として登場しました。施設の老朽化や周辺の再開発もあって1989（平成元）年に閉鎖、跡地にはマンションが建っています。テニスの中心地は、江東区にできた有明コロシアムに移されました。なお、田園コロシアム竣工前は、同地に小規模な貸し野球場「田園グラウンド」があって、慶應義塾大学が野球部のホームグラウンドにした時代もありました。

1979（昭和54）年
テニスコート群のなかに立派な「田園コロシアム」が見えます。
© 国土地理院

2019（令和元）年
「田園コロシアム」はマンションに姿を変えています。
© 国土地理院

荏原巡検

| 距離：約10km | **歩くエリア**：東京都品川区、目黒区 |
| 所要時間：約5時間 | **地形・地質ポイント**：武蔵野台地（下末吉面、武蔵野面）、品川用水、立会川 |

目黒台と荏原台という台地

　戸越や武蔵小山といった有名商店街があり、住宅地が広がる品川区西部は、1932（昭和7）～1947（昭和22）年のあいだは荏原区という行政区にありました。「荏原」の地名は今も品川区に残っているいっぽう、その起源は、大化の改新（645年）にまでさかのぼる歴史ある土地柄でもあります。本巡検は、旧荏原区の特徴的な地形と土地利用の歴史を巡っていきます。

　旧荏原区の全域は、分厚い関東ローム層が覆う武蔵野台地にあります。細かく見ると、立会川を境に北東の目黒台と南西の荏原台というふたつの小台地にまたがっています。

　荏原台の標高は目黒台よりも10mほど高くなっていますが、これは荏原台がより古くできた下末吉面、目黒台が一段低い武蔵野面と、武蔵野台地の異なる段丘面にあたるためです。簡単にいうと、下末吉面は海成段丘、武蔵野面は河成段丘という違いがあり、下末吉面は武蔵野面よりも谷が密に分布していて起伏が激しい特徴があります。

　本巡検では各段丘面を歩くことで、起伏の違いを実感します。たとえば、下末吉面の台地縁にある小山八幡神社（⑥）までは、急坂や階段を上る必要があります。真夏に行った巡検では、体力自慢の地理部員も大量の汗を流し、肩で息をするほどでした。

←②3区境
目黒区洗足2丁目、大田区北千束2丁目、品川区旗の台6丁目という3区の行政界です。洗足田園都市の第1期分譲地らしく道も狭いです。写真のように、洗足駅に「3区の広報紙」が置いてあることも納得です。

→③山屋坂
品川区小山の緩やかな坂道。洗足地区の開発にあたって「洗足会」が発足、その委員長に任じられたのが元海軍大将の山屋他人氏でした。氏は

実際、洗足住宅地を購入した方でもあります。詳細は不明ですが、この坂道は、山屋将軍の名を冠したということでしょうか。

→↓⑤西小山緑道
2006（平成18）年に、東急目黒線の不動前～洗足駅間が地下化されたことにともなって、西小山～洗足駅間に整備された児童遊園（下写真）。右は、洗足駅の北側にある洗足弁天橋から見た目黒線です。

荏原巡検マップ（前半）

④ **旗六公園**
巡検の冒頭、参加者の自己
紹介などを行った公園です。

⑧ 東天地本通り

⑨ 武蔵小山パルム

戸越銀座⑪

⑩ 平塚橋跡

⑫ 戸越銀座駅

旗の台駅へ

⑦ 西小山商店街

西小山緑道⑤

START

⑥ 小山八幡神社

洗足駅①

旗六公園④

3区境②

③ 山屋坂

① **洗足駅**
東急目黒線の洗足駅から巡検スタート。当初は、旧目蒲線の駅として1923（大正12）年開業。田園都市株式会社（現・東急）が前年から分譲していた「洗足田園都市」という分譲地から命名されました。

↑⑦**西小山商店街**
西小山駅近くの全蓋式アーケードの商店街です。旧荏原町（現品川区の西南部）は、関東大震災後の急激な人口増に対応するため耕地整理（実質的には宅地化）を進め、狭隘な道路で囲まれた木造住宅密集地域がつくられました。同時に、元気な商店街も生まれました。

➡⑥**小山八幡神社**
標高は約35m、武蔵野台地の下末吉面の縁に立っている小山八幡神社から、一段低い武蔵野面に広がる住宅地を見ています。古い面ほど高位という、段丘面の標高差を実感できます。この小高い山（台地）が「小山」という地名の由来になった説があります。

➡⑧**東天地本通り**
武蔵小山駅近くにある飲み屋街ですが、通りがちょうど区境にあたり、写真右手は品川区、左手が目黒区です。

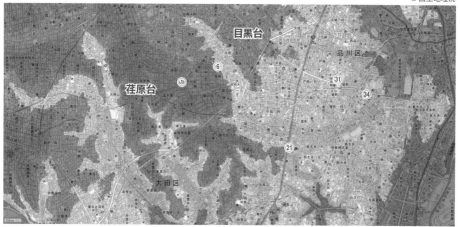

© 国土地理院

荏原巡検エリア周辺の色別標高図

図左下の田園調布駅周辺、図中央付近の北千束駅周辺(北千束や旗の台などの一部エリア)など「濃いオレンジ色」のエリアが荏原台と呼ばれる下末吉面です。また、図中央〜左上の品川区荏原、中延、戸越などに広がる、「やや薄いオレンジ色や黄色部分」が低位の段丘面、目黒台と呼ばれる武蔵野面です。下末吉面は武蔵野面より古いだけでなく、谷がより密に分布していて、起伏も険しい特徴があります。なお、旧荏原区のほとんどは、目黒台(武蔵野面)の台地上にありました。

■……0m 以下
■……0〜10m 以下
■……10〜15m 以下
■……15〜20m 以下
■……20〜25m 以下
■……25〜30m 以下
■……30〜35m 以下
■……35m〜

↑⑨武蔵小山パルム

急行停車駅らしく大きな賑わいを見せる武蔵小山駅すぐ、駅前から南東方向へ一直線に延びる全蓋式のアーケード商店街。アーケード全長約800mは東京都内最長、単一商店街によるものとしては日本一とのことです。

↑⑩平塚橋跡

品川用水と中原街道(都道2号線)が交わる場所に架けられていた橋跡です(上写真)。「平塚橋」という名前は、付近の小地名としてもともとあった「平塚」が由来になっています。下の写真は、武蔵小山パルム方向から中原街道にぶつかる道路ですが、これが北から流れてくる品川用水の流路(暗渠)にあたります。

↑⑪戸越銀座

立会川の支流がつくった谷間に築かれた商店街です。かつては「藪清水」と呼ばれた湿地帯で、ここは悪路でした。それが、関東大震災で罹災した銀座レンガ通り（中央区）から撤去された煉瓦を譲り受け、水捌けの悪い道路に敷き詰めて改善。このことから「銀座」と命名されたようです（各地にある「○○銀座」の元祖とも）。戸越銀座商栄会商店街、戸越銀座商店街、戸越銀座銀六商店街の3つからなる商店街の全長は約1.3kmと関東最大級を誇ります。なお、この長い直線の道路形状は耕地整理に由来しています。

←↓⑫戸越銀座駅

ここまで約2時間30分。東急池上線で旗の台駅まで2駅移動します。両駅とも、東急電鉄による「木になるリニューアル」により、木材を多く利用した駅舎に改修されています（下写真は戸越銀座駅のホーム）。

←⑭旗の台三丁目商店街

駅を出てすぐにある商店街。次駅の荏原町駅との距離は短いですが、両駅のエリアには商店街が充実しています。

←⑮旗の台四丁目商店街

三丁目商店街から歩いてすぐ、荏原町駅へと続く三間通りにある商店街です。

立会川や品川用水の暗渠

巡検は、東急目黒線の洗足駅からスタートして荏原台を巡り、前出の小山八幡神社のあとは立会川がつくった低地へ向かいます。立会川は、目黒区の碑文谷池と清水池を水源として、品川区を横断して東京湾に注いでいますが、今では、最下流部を除き下水道幹線として暗渠化されています。

次は、荏原台よりも緩やかな坂を上がって目黒台へ。まずは武蔵小山の商店街パルム（⑨）、品川用水の流路跡や橋跡を巡ります（⑩）。その後、立会川支流跡に築かれた、今や超有名商店街となった戸越銀座（⑪）を散策し戸越銀座駅（⑫）へ。ここからは東急目黒線で移動し、旗の台駅（⑬）から後半戦となります。

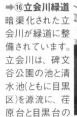

➡⑯立会川緑道

暗渠化された立会川が緑道に整備されています。立会川は、碑文谷公園の池と清水池（ともに目黒区）を源流に、荏原台と目黒台の境界を流れて鮫洲で東京湾に注いでいました。流路跡はこのあと第二京浜（国道1号）との交差点以東が、立会道路に整備されています。

旗の台周辺は、源氏と深いかかわりがあります。1028（長元元）年の平忠常の乱で、その追討に活躍した源頼信が旗岡八幡神社（⑱）近くに陣を敷きました。その際、頼信が高台に源氏の白旗をなびかせたことから、この地が「旗岡」あるいは「旗の台」と呼ばれるようになったとされています。

⑰荏原町商店街
荏原町駅の南側には広域に商店街が形成されています。写真は、三間通り(中央通り)にあるセントラル会館。「レジャーとお食事」のキャッチも素敵で、荏原町のランドマーク然としています。

⑱旗岡八幡神社
「平忠常の乱」で活躍した源頼信が陣を敷いたのが発祥といわれる神社。頼信が、高台に源氏の白旗をなびかせて武威を誇ったことから、当地が旗岡や旗の台と呼ばれるようになったようです。

⬆⑲なかのぶスキップロード
東急大井町線の中延駅と東急池上線の荏原中延駅のあいだには、両駅を南北に結ぶ全蓋式アーケード商店街があります。本巡検3つめの全蓋アーケードです。

⬆⑳源氏前小学校
1928(昭和3)年12月1日に開校した歴史ある小学校です。「源氏前」の名は、源頼義・義家父子がこの地に陣を張ったから、八幡神を祀った頼信にちなんでなど諸説ありますが、源氏との深い関係が認められます。

⬆㉑下末吉面の谷
先ほど歩いた立会川緑道を南に突っ切り丁字路を左折、第二京浜(国道1号)を渡ったところで「谷が密で高低差もある」下末吉面(荏原台)を実感できます。写真の通り、なかなかの急崖です。

㉒旧3区境
朋優学院高校の南東角付近が、かつての荏原区、品川区、大森区の3区境でした。現在は荏原区が品川区に、大森区は大田区になったため単なる区境です。写真は大田区方向を見ています。

荏原巡検マップ（後半）

品川区

⑬旗の台駅
東急池上線と大井町線の乗り換えを円滑にするため、離れていた大井町線の東洗足駅と池上線の旗ヶ丘駅を合併、移設してできた駅です。後半戦はここから出発！

下神明駅付近の3段立体交差⑫

豊トンネル⑳
戸越公園㉛

GOAL

戸越公園通り㉙

㉞下神明駅
㉝古戸越川の暗渠

旗の台駅⑬

⑲なかのぶスキップロード

㉘立会川支流の暗渠

⑳源氏前小学校

㉗のんき通り商店街

⑭旗の台三丁目商店街

⑮旗の台四丁目商店街

⑯立会川緑道

⑰荏原町商店街

⑱旗岡八幡神社

㉕蛇窪神社

㉖西大井駅

㉔上神明児童遊園

㉓立会道路

㉒旧3区境

㉑下末吉面の谷

㉞下神明駅
下神明駅の南にある神明児童遊園、通称・タコ公園で解散です。長い巡検、すっかり日も暮れました。

© 国土地理院

下末吉面の急崖を体感！

巡検後半戦はまず、旗の台駅から駅前の商店街、暗渠化した立会川の緑道（⑯）を経て北へ向かいます。荏原町駅、さらに旗岡八幡神社（⑱）付近までは立会川がつくった低地を歩きます。

その後は再び目黒台に上がって、なかのぶスキップロード（⑲）から南進、先ほどの立会川緑道（低地）を経てまた荏原台に上がります。第二京浜を渡り、道路の東側で急な下末吉面の縁（㉑）を体感します。

本巡検は、とにかく上がったり下がったりが連続します。一隊はまた低地へ戻ると、立会川の暗渠の立会道路（㉓）や品川用水の暗渠である児童遊園（㉔）を歩いて、蛇窪神社（㉕）に立ち寄ります。

➡㉓立会道路
第二京浜より東側では、それまで緑道だった旧立会川が、立会道路という名の道路に姿を変えます。道は西大井駅を抜けて大井町駅付近へ至ります。また、この付近で、立会川は品川用水の大井分水と立体交差していたようです。

➡㉔上神明児童遊園
品川用水の分水跡が南北に細長い児童公園になっています。平塚橋でも登場した品川用水は、玉川上水から境村（現・武蔵野市桜堤）で分水、用賀・桜新町などを経て目黒台の中央付近を流れ、目黒川へ注いでいた農業用水です。

⬅㉕蛇窪神社

鎌倉時代の創建、当地にあった蛇窪村という村名にちなんだ神社です。地名の由来は、「蛇がたくさんいる低湿地」「源平の時代にあった兵備の窪地」「じゃ崩れ（崖崩れ）が起こった窪地」など諸説あってはっきりしません。この付近は立会川のつくった谷です。蛇窪の地名は平塚村、平塚町、荏原町の大字に残されましたが、1932（昭和7）年、東京市への編入時に「蛇」の文字を忌避して、氏神の神明社にちなむ上神明・下神明に改められ、その後、北半分を豊町、南半分を二葉と区画・町名が変更されました。まさにその神明社のひとつ（上蛇窪側）が、通称・蛇窪神社と呼ばれるこの神社です。

➡㉖西大井駅

1986（昭和61）年開業のJR品鶴線（横須賀線、湘南新宿ライン、相鉄線直通）の駅。新しいJR駅らしく駅前に商店街は見当たらず、マンション下層にチェーン店が集まる形態は、周辺駅と役割分担をしているようです。

⬆㉗のんき通り商店街

JR西大井駅付近から、北北西に延びる道路にある商店街（写真は南の二葉から北の豊町に入った付近）。じつはこの道路、立会川支流の暗渠につくられています。支流は、東急大井町線の戸越公園付近を谷頭として、立会川（立会道路）へほぼ垂直に合流していました。

⬅㉘立会川支流の暗渠

引き続き立会川支流の暗渠です。谷地形、狭い道、背を向けて立つ家屋、不自然に曲がりくねっている道と、典型的な暗渠の特徴がよく見られます。

↑㉙戸越公園通り
立会川支流の暗渠を抜けると、戸越公園駅前の商店街、戸越公園通りに出ます。鉄道の駅と商店街が高密度に分布する、本巡検エリアの特徴はここでも健在です。

↑㉛戸越公園
肥後国藩主、細川家の下屋敷庭園跡を利用してつくられた区立公園です。品川用水の前身は、この池へ水を引くため、細川家がつくった用水路でした。駒場巡検で見た三田用水も、細川家が白金の下屋敷のために引いた「細川用水」に平行して築いたものです。

←㉚豊トンネル
整備が進められている、東京都道420号鮫洲大山線（補助第26号線）、通称・環状6.5号の一部区間です。ここは品川用水の流路にあたります。写真はともに地名由来の豊トンネルで、下は車道と分離された歩道です。

↑㉝古戸越川の暗渠
文庫の森や戸越公園を水源とする、古戸越川という小河川の暗渠。マンホールの多さ、曲がった道、背を向けた家屋など暗渠の特徴が見られます。

↑㉜下神明駅付近の３段立体交差
下神明駅の西側では鉄道3路線が立体交差しています。下からJRの在来線（品鶴線）、東急大井町線、東海道新幹線となっていて、JR2線のあいだを東急線が通り抜ける光景は壮観です。

河川や用水の暗渠が連続

　巡検は終盤です。西大井駅を経て、北北西に延びるのんき通り商店街（㉗）を歩いていきます。ここは立会川支流の暗渠で、歩いていくうちに谷地形、曲がりくねった道路など典型的な暗渠の特徴を大いに感じさせてくれます（㉘）。戸越公園駅を経て、今度は品川用水跡にあたる通称・環状6.5号の豊トンネル（㉚）をくぐり、品川用水の前身にあたる戸越上水の水を引いていた戸越公園を見学。壮観な鉄道の３段立体交差を眺め、最後に古戸越川の暗渠を歩くと下神明駅前に到着、いよいよ本巡検のゴールです。

洗足流れほか主要支流と新旧流路を歩く

呑川巡検

距離：約11km（約4km）
所要時間：約4時間（約2時間）
※カッコ内は延長戦

歩くエリア：東京都世田谷区、目黒区、大田区
地形・地質ポイント：呑川（新旧の本流と支流）、武蔵野台地、洗足池

呑川をつくる5つの支流

呑川（のみがわ）は世田谷区、目黒区、大田区の3区にまたがる約14.4kmの二級河川で、上流部は暗渠化されていて、工大橋（⑰）から下流、東京湾に注ぐ河口（㊾）までの約9.5km区間は開渠になっています。地形に着目すると、呑川は約13〜12万年前に形成された武蔵野台地の下末吉面相当の荏原台と、約10〜5万年前に形成された同じく武蔵野面相当の久（く）が原台（はらだい）のあいだを流れています。流れがあるとはいえ、そのおもな水源は、東京都の「城南三河川清流復活事業」により下水道局落合水再生センター（新宿区）で高度処理された再生水です。これが前出の工大橋の上流、東京工業大学付近から放流されています。

いっぽう、元々のおもな支流は次の5つ。東急田園都市線の桜新町駅付近からの本流、駒沢公園付近からの駒沢支流（流れ）、環七玉川通り交差点付近からの柿の木坂支流（流れ）、大井町線の等々力駅付近からの九品仏川、洗足池付近からの洗足流れです。洗足流れ以外は暗渠化されて緑道に姿を変え、下水幹線として利用されています。

本巡検は呑川源流端のひとつ、桜新町駅からスタートします。さっそく支流跡（②③）を歩き、玉川通りを経て駒沢支流（⑥⑧）と一気に源流を体感します。

↑②呑川源流の暗渠（駅前）
呑川本流の水源地は、桜新町一帯にあります。駅からすぐ南北に連なる、暗渠になっている細い路地もまた、その1本のようです。

↑➡③呑川源流の暗渠（桜新町交番前）
呑川源流の暗渠が、サザエさん通りを東西にまたいでいます。右の写真は西側で、くねくねした道、マンホールの多さなど暗渠らしさがあります。上の写真のY字路に立つ交番以南、桜並木に囲ま

れた区画が、1913（大正2）年、東京信託株式会社により日本で初めて計画住宅地として開発された新町住宅地（桜新町1丁目、深沢7〜8丁目）です。今の喧騒からは想像できませんが、「東京の軽井沢」と呼ばれて大変な人気だったそうです。

呑川巡検マップ（本隊前半）

© 国土地理院

① 桜新町駅
『サザエさん』の作者・長谷川町子氏が生前暮らした町らしく、地下改札から地上に出るとサザエさん一家がお出迎え。ここからスタートです！

↑④呑川親水公園
深沢7〜8丁目は、かつての流路を河川（呑川）らしく整備した親水公園となっています。水は湧水などをポンプで循環させています。また、この下流部は全長1152.6mの呑川本流緑道となっており、のちにその上を歩くことになります。

↑⑤駒沢緑泉公園
ここはかつて、北を流れる蛇崩川の水源のひとつだった場所らしく、少々窪地になっています。1974（昭和49）年に公園が整備され、噴水や水路が設けられています。

←⑥駒沢流れ（駒大東端）
呑川の支流のひとつ、駒沢流れ（駒沢支流）の源流付近です。駒沢流れは、駒澤大学周辺を起点に駒沢オリンピック公園を通り、目黒区八雲で呑川本流に合流しています。全面暗渠化されています。

←⑧駒沢流れ（区境）
駒沢流れ沿いに駒沢オリンピック公園内を南進、世田谷区（右）と目黒区（左）の区境にきました。右の道路沿いが区境で、駒沢流れは左方向に流れていきます。

➡️⑦オリンピック記念塔
駒沢オリンピック公園は、古くはゴルフ場、戦中は防空緑地や畑、戦後は駒沢総合運動場として利用され、一時期はプロ野球「東急（のちに東映）フライヤーズ」の本拠地球場もありました。それが、1964（昭和39）年の東京オリンピック「第2会場」として再整備されたのです。写真は高さ50mのオリンピック記念塔です。上部に給水槽が設けられており「管制塔」とも呼ばれました。

←⑨呑川駒沢支流緑道

自由通りに出てすぐ、南方向にカーブを描くのが駒沢流れ跡につくられた緑道です。

➡⑩府立高校と
東京都立大学の門跡

めぐろ区民キャンパス内にある門跡です。ここは府立高校として創設されたのち、東京府が東京都になったため都立高校に改称され、戦後、都立大学となったキャンパス跡地です。最寄駅は、東急東横線・都立大学駅ですが、都立大学はすでに八王子に移転しています。

↑⑪呑川柿の木坂支流緑道１

やくも文化通りを進み、柿の木坂西児童遊園を過ぎた次の交差点を右折します。この南北に走るのが呑川柿の木坂支流（流れ）で、整備された緑道を750mほど歩きます。緑道が谷にあり、支流が侵食した土地を歩いていることが実感されます。暗渠化は1972（昭和47）年に始まり、1980（昭和55）年3月に完成しました。

←⑫呑川柿の木坂
支流緑道２

目黒通りを渡って都立大学駅前にやってきました。ここが柿の木坂支流の終点付近、間もなく呑川本流（暗渠）に合流します。

➡⑬柿の木坂支流が
本流に合流

都立大学駅の南で、柿の木坂支流（約2.5km)は呑川本流へ合流します。合流付近の暗渠は、公園や駐車場に利用されています。

駒沢支流から柿の木坂支流へ

　駒沢オリンピック公園内（⑦）には目黒区と世田谷区の区境が通っていますが、じつはその区境は駒沢支流に沿っています。この支流はそのまま南流、目黒区八雲２丁目付近で呑川本流に合流します。

　巡検は呑川駒沢支流緑道（⑨）を経て、やくも文化通りにある府立高校と東京都立大学の門跡（⑩）を見たあと、柿の木坂支流跡の緑道（⑪⑫）を750mほど歩きます。柿の木坂支流は、都立大学駅の南で呑川へ合流（⑬）しますが、水路を辿る一隊もいよいよ呑川本流の暗渠を歩くことになります。呑川本流緑道という緑道で、呑川の開渠に出合うまでの約1.5km区間です。

呑川巡検マップ（本隊後半）

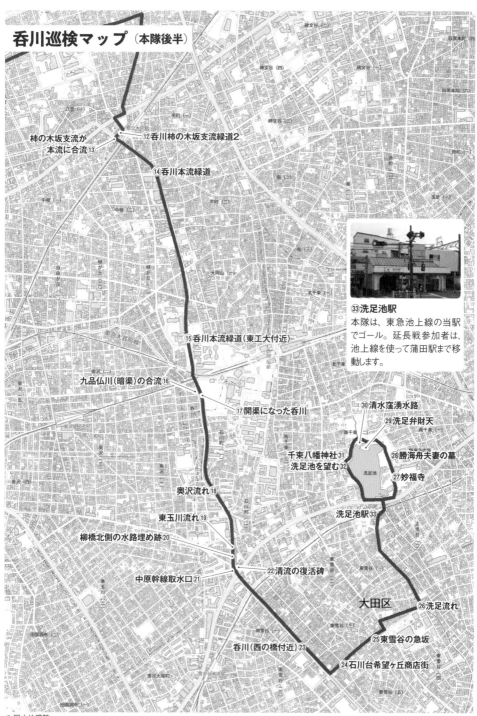

柿の木坂支流が本流に合流 ⑬

⑫ 呑川柿の木坂支流緑道2

⑭ 呑川本流緑道

⑮ 呑川本流緑道（東工大付近）

九品仏川（暗渠）の合流 ⑯

⑰ 開渠になった呑川

奥沢流れ ⑱

東玉川流れ ⑲

柳橋北側の水路埋め跡 ⑳

中原幹線取水口 ㉑

㉒ 清流の復活碑

呑川（西の橋付近）㉓

㉔ 石川台希望ヶ丘商店街

㉕ 東雪谷の急坂

大田区

㉖ 洗足流れ

⑳ 清水窪湧水路

㉙ 洗足弁財天

㉘ 勝海舟夫妻の墓

千束八幡神社 ㉛
洗足池を望む ㉜

㉗ 妙福寺

洗足池駅 ㉝

㉝ 洗足池駅
本隊は、東急池上線の当駅でゴール。延長戦参加者は、池上線を使って蒲田駅まで移動します。

© 国土地理院

◀⑭呑川本流緑道

上流の世田谷区深沢5丁目9番を起点に、目黒区緑が丘3丁目3番まで続く、呑川本流の暗渠を約1.5km歩きます。緑道の左右を見るとなだらかな上り坂になっていて、明らかに川がつくった谷を歩いていることがわかります。緑道は1977（昭和52）年3月の完成。

➡⑮呑川本流緑道
　（東工大付近）

呑川の緑道は、東京工業大学のキャンパスを分断するかたちで南へ向かいます。高低差が大きく、キャンパスには左の写真のように橋が架けられています。巡検は「呑川本流緑道工大橋通路」（右写真）という地下通路を通って、東急線の南へ向かいます。

◀⑯九品仏川（暗渠）の合流

呑川の支流である九品仏川は、全長約2.2kmの全区間が暗渠化、下水道幹線となっていて、ほぼ遊歩道に整備されています。地下通路から地上に出てすぐ、西から流れてきた九品仏川が呑川に合流します。

◀⬇⑰開渠になった呑川

呑川に九品仏川が合流してすぐ、工大橋と呼ばれる橋の下、すだれのように垂れているゴム幕の奥から水が流れ出ています（左写真）。これは、落合水再生センターの高度処理水をパイプで引水した呑川本流の流れです。幕は水の臭気止めと、水を放出する際の騒音防止のためなのだそう。下の写真は、500mほど歩いた島畑橋付近。

呑川本流・支流エリアの色別標高図

武蔵野台地が呑川、およびその支流によって削られて谷ができているのが標高差からはっきりとわかります。谷頭（源流）は呑川本流が桜新町駅付近、駒沢支流が駒澤大学付近、柿の木坂支流が駒沢大学駅の南、九品仏川が等々力付近にあります。

- ■……22m 以下
- ■……22 〜 26m 以下
- ■……26 〜 30m 以下
- ■……30 〜 34m 以下
- ■……34 〜 38m 以下
- ■……38 〜 42m 以下
- ■……42 〜 46m 以下
- ■……46m 〜

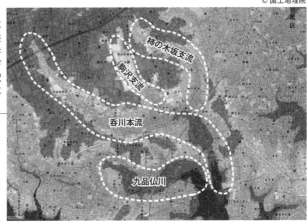

←⑱奥沢流れ

呑川には今も暗渠（支流）の水が流れ込んでいます。目黒区と大田区の区境付近で口を開けているのが、この奥沢流れ。文字通り、世田谷区奥沢を源とする流れで、一部開渠区間もあります。水の流出、道の蛇行など、地上部分で暗渠だとはっきりわかるような形を残している水路が見られるのは、護岸がコンクリートで固められた都市型河川ならではです。

開渠となって呑川が復活

巡検は、呑川本流緑道工大橋通路（⑮）という地下通路を使って東急線の南側へやってきました。地上に出てすぐ右（西）に見える遊歩道が、暗渠化して下水幹線となった九品仏川です。本巡検ではさかのぼりませんが、九品仏川緑道の距離は約1.6kmと手頃。途中、東急東横線の自由が丘駅周辺散策も兼ねて歩くのもおすすめです。

九品仏川と呑川の合流点のすぐ南で呑川が姿を現します（⑰）。水源が相次いで下水（暗渠）となり、呑川にはわずかに漏れ出す排水だけが流入する時期もありました。再生水により取り戻した姿から、中原街道の交差点には「清流の復活」碑（㉒）が建てられています。また、呑川護岸にある排水溝や水路の埋め立て跡（⑳）は、都市型暗渠の典型といえそうです。

→⑲東玉川流れ

しばざくらきんたろう児童公園すぐ脇にある、暗渠（支流）の出口です。世田谷区東玉川を源にする流れが、およそ真西から流れてきているようです。

↑⑳柳橋北側の水路埋め跡

呑川では、かつて暗渠（支流）が流れ込んでいた出口（穴）をふさいだ跡がはっきりとわかる場所がいくつもあります。この柳橋北側では、立派な大きさの水路が役目を終えています。

↑㉑中原幹線取水口
呑川の流れからそれて中原街道を西方向へ向かうよう放水路(取水口)がつくられています。この水路は中原幹線と呼ばれ、大雨の際、下流での氾濫を防ぐため、本流の水を分散させます。水路は多摩川まで続いていて、小さな都市型河川となった呑川の水害対策で大きな役割を果たしています。

↑㉒清流の復活碑
支流の暗渠化や下水道の普及で、呑川は水質が悪化したばかりか水量を大きく減らした時期がありました。そのため東京都は、1995(平成7)年から渋谷川・目黒川とともに「城南三河川・清流復活事業」を進め、落合水再生センターで高度処理された下水道再生水を流し、呑川の流れが復活しました。その記念碑が、中原街道との交差付近にあります。

↑㉓呑川(西の橋付近)
3面コンクリート張りの直立護岸という、いかにも都市河川の姿で呑川は南流します。

➡㉕東雪谷の急坂
呑川がつくった谷から、一気に武蔵野台地へと進みます。上り切った地名は東雪谷3丁目。ここは、武蔵野面よりも一段高い海成段丘面である下末吉面とあって、商店街とは標高差が20m弱あります。荏原台ともいわれる台地です。

←㉔石川台 希望ヶ丘商店街
居村橋の通りを左折、呑川の流れからお別れです。歩いてすぐ、呑川に平行する商店街は、呑川がつくった低地に形成されました。

↑㉖洗足流れ
荏原台を少し下ったところ、都立荏原病院の東縁を北北西～南南東に流れている小さな流れが呑川の支流のひとつ、洗足流れです。洗足池に端を発する小さな流れで、全長は約1.7km。かつては農業用水として用いられていましたが、今は遊歩道が整備された憩いの場に。ここから600mほど下流からは暗渠化されています。洗足用水、池上用水とも呼ばれます。

←㉗妙福寺
浅草にあった妙福寺は関東大震災で焼失。当地へ移り、御松庵と合併して再建されました。そして御松庵が、もともとは「千束」なのに「洗足」という地名の由来になっています。1282（弘安5）年、日蓮上人が身延山から常陸国に向かう際、「千束の大池」で休憩中、松の木に衣服をかけて池の水で足を洗っていたところ、水中から七面天女が現れました。この「袈裟懸の松」の伝説により住民が「松を守る」護松堂を建てたのが、御松庵の始まりです。「千束の大池」が「洗足池」と呼ばれるようになったのです。

←㉙洗足弁財天
洗足池北端の小島（弁天島）にある神社。弁財天は水とかかわりの深い神様で、湧水地にはしばしば祀られています。鳥居が朱塗りのため厳島神社とも呼ばれます。

→㉛千束八幡神社
表記が洗足ではなく千束であることから、「袈裟懸の松」伝説（1282年）より前から存在する古い神社だとわかります。社伝によれば、860年の創建とされています。『平家物語』に登場する源頼朝の愛馬「池月」の伝承があります。

↑㉘勝海舟夫妻の墓
1891（明治24）年、洗足池のすぐ西（現・大森第六中学校）に別荘を建てたほど当地を愛した勝海舟が、1899（明治32）年の没後、遺言によってこの地に葬られています。

↑㉚清水窪湧水路
洗足池の北、千束の谷の北縁にある清水窪の湧水が、池に流れ込んでいます。洗足池の代表的な水源のひとつです。

→㉜洗足池を望む
池月橋付近から洗足池の東～南岸を見ています。水源は周辺の台地縁からの湧水で、平安時代につくられたとされる堰堤によってできた人口貯水池です。池から流出する水は洗足流れ（池上用水）となり、呑川へ注いでいます。

下末吉面のあとに洗足流れ

　巡検一行は、中原街道を渡って約700m、大田区東雪谷3丁目付近で呑川本流に別れを告げます。北東方向にまっすぐ進む道中、呑川がつくった低地に築かれた商店街（㉔）を横に見て、武蔵野台地の高位面、下末吉面（荏原台）までの急坂を上ります（㉕）。その後、再び低地へ下りると、5つ目の呑川支流である洗足流れ（㉖）に出合います。ここからは、しばらく開渠となっている洗足流れ沿いを北へ進み、水源池の洗足池に向かいます。ここでは「洗足」の地名由来の寺社などを見て回り、洗足池の代表的な水源である清水窪湧水路（㉚）へと辿り着きます。

呑川巡検マップ（延長戦）

㊹旧呑川の河口
旧呑川緑地（終点）㊹
昭和橋㊷
㉞蒲田駅
森ヶ崎の海岸を南へ㊻
森ヶ崎バス停㊿
㉞蒲田駅
池上線で蒲田着。ここから延長戦です。
㊸呑川のかん曲がり
GOAL
㊱京急蒲田商店街あすと
㊳京浜蒲田駅前通り
羽田可動橋を望む㊼
森ヶ崎水再生センター放流口㊽
㉟新島「モヤイ像」
㊶旧呑川緑地（始点）
新呑川河口㊾
京急蒲田駅㊲
㊵呑川（清水橋）
㊴松葉用水跡

© 国土地理院

㊿森ヶ崎バス停
森ヶ崎水再生センター西施設（森ヶ崎公園の開園時間に間に合わず！）の前を通り、京急バスのバス停に到着。ゴールです。

㉟新島「モヤイ像」
1984（昭和59）年に新島から贈られた石像。新島では「共同して仕事にあたる」ことを「モヤイ」ということから、当時、蒲田駅東口商店街の再開発におけるシンボルになっていました。

←㊱京急蒲田商店街あすと
蒲田駅の東口商店街ぽぷらーどを経て、呑川の手前を右に。京急蒲田駅近くの全蓋式アーケード商店街に着きました。一部が、大田区が進める再開発の立ち退き対象になっています。

←㊲京急蒲田駅
蒲田駅（JR・東急）から約800m離れ、京急蒲田（とくに空港線）へのアクセスがよくありません。そのため、新空港線（蒲蒲線）構想が立てられていますが、レール幅やホーム長、費用対効果など問題は山積しています。

←㊳京浜蒲田駅前通り
京急蒲田駅東口から東へ延びる通りで、名前は1987（昭和62）年まで京急蒲田駅が京浜蒲田駅という駅名だったためです。

蒲田からいよいよ旧呑川へ

　約11kmの巡検本隊は洗足池駅で解散し、この先は延長戦です。東急池上線に乗って蒲田駅まで移動します。延長戦は、蒲田の商店街や用水路跡を巡ったあと、旧呑川の流路を辿り新旧の河口まで歩きます。

　関東大震災（1923年）を機に、呑川流域は工業化・宅地化が進みました。これにより、川のおもな用途が農業用水から排水路に大転換。新呑川が1935（昭和10）年に開削されてできたことも追い風に流域の都市化は進行、水質は悪化の一途を辿りました。こうしたことから旧呑川の埋め立て、および、上流部の暗渠化が進められていったのです。

↑㉟松葉用水跡
京浜蒲田駅前通りのこの付近は、京急蒲田駅近くの夫婦橋付近で取水、呑川におよそ平行して西流していた松葉用水の暗渠です。この先は北前堀(現・北前堀緑地)に通じて東京湾(現・海老取川)へ注いでいました。

↑㊶旧呑川緑地(始点)
呑川の旧流路に整備された緑道の西端部。写真の大田区立東蒲中学校付近から京浜運河の呑川水門付近まで約1.8kmあります。新呑川の流路開削が終わったのは1935(昭和10)年で、しばらくは両河川に水が流れていましたが、旧呑川は昭和30年代から工事が始まり、1976(昭和51)年までには全区間が埋め立てられました。

↑㊵呑川(清水橋)
清水橋で呑川に再会。呑川周辺は、雨水と汚水を同じ管で流す合流式下水道となっていて、降水量が一定値を超えると、水再生センターで処理できない分が河川に放出されます。すると汚濁物が滞留してしまい、見た目に汚い上に悪臭も発生します。蒲田駅付近で起こる現象ですが、海水が入ってくるここ清水橋付近も、きれいな水とはいえません。

→㊷昭和橋
旧呑川を渡していた昭和橋の欄干が残っています。親柱には「昭和45年3月」とありますが、竣工年と埋め立て年からして短命の橋だったのでしょう。

↑㊹旧呑川緑地(終点)
先ほどのカーブを曲がって呑川橋をくぐり旧流路上を直進していくと、約600mで旧呑川緑地の終端部になります。この先は一段上がって車道に出て旧河口を目指します。

↑㊸呑川のかんまがり
産業道路(国道131号)をくぐって約200m、流路がほぼ直角に曲がっています。ここは「かんまがり」。「川曲がり」が訛った呼称と考えられています。1703(元禄16)年、元禄地震の地殻変動で、それまでまっすぐ進んでいた旧呑川が流路変更したといわれています。

↑㊺旧呑川の河口
旧河川の河口は船溜まりになっています。開渠ですが水はもちろん海水。以前は水門があって、その後ろ側に通路がありましたが、大田区が進める「海辺の散策路整備事業（歩道橋）」のために、撮影時は通行止め。残念、きた道を引き返して向こう岸に渡り、南にある新呑川河口を目指します。

↑㊼羽田可動橋を望む
橋桁が回転することで、船と自動車の通行を両立させる旋回橋です。羽田トンネルの渋滞解消のため1990（平成2）年に開通しましたが、首都高速道路の開通により渋滞が解消、1998（平成10）年以降は使われていません。しかし、首都高速改修工事の際に迂回路として活用するべく、可動橋は撤去して、新たに3車線の橋につくり替えることが予定されています。

**←㊻森ヶ崎の
　海岸を南へ**
1899（明治32）年に掘り当てられた鉱泉で栄えた時代もある森ヶ崎地区。沿岸部には今や、首都高速1号（上写真＝高架下）や東京モノレール（下写真）が走っています。

**←㊽森ヶ崎水再生
センター放流口**
森ヶ崎水再生センター西施設の放流口です（東施設は昭和島にあります）。当センターは東京23区の4分の1にあたる地域から下水を集めて処理する、国内最大級の水再生施設。呑川上流部が転用されている下水道幹線からの水も流れ着いています。西施設の屋上には森ヶ崎公園が整備されています。

旧呑川の流路と新河口

　現在の呑川を清水橋（㊵）で渡ったあとは、呑川の旧流路である旧呑川緑地（㊶〜㊹）をひたすら歩いていきます。途中、橋の遺構、背を向けた家屋に暗渠（河川）を感じ、大地震の影響で流路が大きく曲がったと伝わる「かんまがり」（㊸）を体感します。緑地終端部からは北側の道路に移り、船溜まりになっている旧河口付近に。対岸に渡って沿岸部を南東方向へ進み、存在感抜群の羽田可動橋（㊼）などを見て新河口（㊾）に到着。近くにあるバス停（㊿）で、長い巡検はゴールを迎えます。

↑㊾新呑川河口
新呑川は、旧河川の汚染・氾濫防止と、下流を運河として舟運の利便性を高めるため、夫婦橋から下流を付け替えて誕生しました。開削工事は1931（昭和6）年に着工、1935（昭和10）年に完成しました。

第3章
23区外・都下の
地形散歩

古多摩川の扇状地と湧水がつくる清流

東久留米の川と水巡検

距離：約14.5km	歩くエリア：埼玉県新座市、東京都東久留米市、東村山市
所要時間：約6時間	地形・地質ポイント：古多摩川、扇状地、武蔵野台地（武蔵野面、立川面）、崖線

武蔵野面から黒目川段丘へ

　本巡検は、東京都と埼玉県の行政界を流れる黒目川と落合川の流域を巡ります。ご存じない方が少なくないかもしれませんが、いずれも、豊かで清らかな湧水に恵まれ、人々の暮らしに密接にかかわってきた「川の魅力」にあふれた河川です。

　集合場所は、埼玉県新座市の新座栄バス停（①）。北側に位置する階段から黒目川

右岸に下ります（②）。巡検エリアは武蔵野台地の北部に位置しますが、先ほどのバス停が武蔵野面上にあるいっぽうで、川沿いは一段低い立川面に相当すると考えられる「黒目川段丘面」上にあります。ここでの武蔵野面と目黒川段丘面の比高は約10mあって、段丘崖からの湧水が妙音沢という沢をつくっています（③）。参加者はさっそく、清流を直接に触れます。

東久留米の川と水巡検マップ

㉖久米川駅
黒目川天神社から新青梅街道に入り西北西に進路を変えます。「さいかち窪」（暗くて何も見えないので巡検では割愛）と呼ばれる黒目川の本来の源流地点がある小平霊園を経て、解散地の西武新宿線・久米川駅に到着します。

秋津駅

清瀬駅

GOAL

久米川駅㉖

小平霊園

黒目川天神社前㉕

柳窪緑地保全地域㉔

しんやま親水広場㉓

白山公園㉒

落合川源流㉑

落合川合流点⑳

地蔵橋付近の旧流路⑲

神明橋下流の緩傾斜護岸⑰

弁天橋の雨水幹線合流点⑲

神明山公園のひょうたん池⑱

南沢緑地保全地域⑮

落合川広場⑯

沢頭流の合流⑭

落合川いこいの水辺⑬

落合川広場⑯

野火止用水

↑④大橋から望む黒目川

ここまで約30分。黒目川は古多摩川の名残のひとつで、現在は、治水のために流路が直線化されています。高度成長期、生活排水で水質が悪化しましたが、下水道の整備と湧水の力などで大幅に改善されています。

↑③妙音沢

武蔵野礫層と東京層に相当すると考えられる難透水層のあいだからの湧水です。大沢(上写真)と小沢(左上写真)という沢が流れ、礫層に由来するごろごろとした石がたくさん転がっています。ここは、環境省による「平成の名水百選」に選ばれています。

④大橋から望む黒目川
③妙音沢
②黒目川へ
①新座栄バス停
START

⑤ちょっと川遊び

⑨東久留米駅

⑥下谷橋合流点
⑦調整池工事

⑧落合川の湧水点

⑩こぶし沢の合流点
⑪こぶし沢の流れ
⑫竹林公園

ひばりヶ丘駅

西東京市

保谷駅

②黒目川へ

出発してすぐ、崖下を流れる黒目川へ向かいます。武蔵野台地の武蔵野面から立川面への移動です。

①新座栄バス停

東久留米駅からの合流組(本隊)もいますが、巡検は、大泉学園駅か朝霞駅からバスを使って、こちら新座栄バス停がスタートです。

© 国土地理院

↑⑤ちょっと川遊び
暑いなか80分ほどが経過。たまらず、栗原橋の手前、栗原一丁目公園前でちょっと黒目川で川遊び。

↑⑦調整池工事
中小河川の氾濫・洪水被害を防ぐため、東京都による調整池の工事が進んでいます。実際、落合川は2023（令和5）年6月の大雨で、水量が一時的に堤防の高さ（天端高）を超えており、流域の都市化が進んだ河川の整備事業が、流域住民にとっていかに重要かを示しています。

↑⑥下谷橋合流点
神宝大橋で東京都に入ってすぐのところで、黒目川（右）と落合川（左）が合流しています。落合川のほうが水量が豊富で水も澄んでいるように見えます。ここからは清流の源を追っていきます。

➡⑧落合川の湧水点
黒目川合流点から約700m、目視できませんが、不動橋付近には川底に湧水点があります。

落合川と湧水の数々

　妙音沢の清流も注ぎ込んでいる黒目川を上流方向へ歩いていきます。そして、次なるスポットが黒目川と落合川の合流点です（⑥）。黒目川もきれいですが、落合川のほうが水量が多く、より澄んで見えます。ここからは落合川をさかのぼっていきます。

　が、その前に東久留米駅でひと呼吸。ここまでは前哨戦で、当駅からが巡検の本隊になります。駅から落合川に戻ると、護岸に大きく開いた口から、きれいな水が流れ込んでいる場所へ着きます。これは「こぶし沢」と呼ばれる清流で、流れを追って住宅地に入っていくと、水源の竹林公園に到達します（⑪）。この湧水は「落合川と南沢湧水群」と

して東京都で唯一、環境省の「平成の名水百選」に選ばれています。

　竹林の木漏れ日と湧水に心も体も癒やされたあと、一隊は再び落合川へ。するとすぐ、家族連れや子どもたちが川遊びに夢中になっている「落合川いこいの水辺」（⑬）にやってきます。草地を広くとった護岸も含め、こんなすばらしい水環境が東京にもあるのかと驚かされます。

　毘沙門橋を渡ると、今度は南東方向からの水が流れ込んでいます（⑭）。沢頭流と呼ばれる、これも湧水起源の清流です。

妙音沢周辺の色別標高図

武蔵野台地の大部分は、青梅を頂点として古多摩川がつくった大きな扇状地の上に、火山灰などからなるローム層が堆積してできています。台地はいくつかの段丘面に大別でき、古い（高位）ものから順に示すと下末吉面、武蔵野面、立川面などがあります。巡検のスタート地点（バス停）付近は武蔵野面で、妙音沢へと下りてきた黒目川沿いの低い場所は、立川面に相当する黒目川段丘と呼ばれる面で、標高差が約10mある崖になっています。

妙音沢

新座栄バス停

■……0m 以下
■……0〜12m以下
■……12〜24m以下
■……24〜36m以下
……36〜48m以下
……48〜60m以下
■……60〜72m以下
■……72m〜

◀⑨東久留米駅
出発から約2時間。ここまではじつは前哨戦で、途中参加組も数名が合流。小休止ののち、いよいよ本隊が始動！

妙音沢付近の断面イメージ

武蔵野面

ローム層

黒目川段丘

武蔵野礫層

黒目川

難透水層

巡検スタート地点（新座栄バス停）が武蔵野面にあるのに対して、黒目川は立川面（黒目川段丘）を開析して流れています。黒目川の右手は急崖になっていますが、妙音沢の清流はその底部からの湧水です。難透水層が水を浸透させず、ここから湧出しているのです。

◀⑩こぶし沢の合流点
落合川に架かる「立野一の橋」付近から対岸を見ると、護岸からきれいな水が流れ出しています。これは「こぶし沢」という清流です。

↑⑪こぶし沢の流れ
南沢第6緑地の手前、こぶし沢に架かる小さな橋には石段があって水を触ることもできます。

➡⑫竹林公園
こぶし沢の水源です。落合川と立野川のあいだにある谷の谷頭からの湧水が池をつくり、それが流れ出しています。湧水点も表示されています（上写真）。暑さをしのぐには絶好の場。日陰でまた水遊びです。この公園も「東京の名湧水57選」に選出されています。

⬅️⑬落合川いこいの水辺
家族連れが元気に川遊び中。なだらかに整備された草地の護岸、豊富な湧水がつくるすばらしい環境が、都心から鉄道で30分ほどの地にあります。

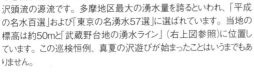

⬆️⑭沢頭流の合流
左奥の護岸に大きく開いた口から、このあと向かう湧水群の流れが落合川と合流しています。

⬆️⑮南沢緑地保全地域
沢頭流の源流です。多摩地区最大の湧水量を誇るといわれ、「平成の名水百選」および「東京の名湧水57選」に選ばれています。当地の標高は約50mと「武蔵野台地の湧水ライン」（右上図参照）に位置しています。この巡検恒例、真夏の沢遊びが始まったことはいうまでもありません。

⬆️⑯落合川広場
本流から少しはずれた、草が鬱蒼と茂る場所です。ここは河川改修前、蛇行していた落合川の旧流路です。小渓谷の趣があり、貴重な生態系が育まれていた当地を守ろうという住民の訴えが受け入れられ、すべて埋め立てる予定だった旧流路のうち40m区間は保存されました。

⬆️⑰神明橋下流の緩傾斜護岸
落合川本流に戻りました。コンクリートではなく、ここでは川遊びができる緩い傾斜のある草地の護岸が整備されています。もちろん川水は美しい！　巡検参加者は、近所の子どもに交じって大はしゃぎ（上写真）。下は、びしょ濡れ多数で集合写真。

武蔵野台地を流れる河川と源流の池

武蔵野台地を流れる河川の源流には、神田川の井の頭池、善福寺川の善福寺池、石神井川の石神井池といったように湧水をともなう池があります。それらの池は、図の黄緑から黄色に変わるギリギリの場所に位置しており、標高はいずれも約50m。南沢湧水群もまた同様です。これは、武蔵野台地のローム層の下に広がる扇状地の勾配が、標高50m付近で緩くなっていることと関連しています。つまり、隠れた扇状地の末端で、それまで伏流していた地下水が地上に湧き出している、と考えることができます。

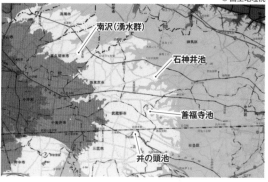

© 国土地理院

- ■……12m 以下
- ■……12〜24m以下
- ■……24〜36m以下
- ■……36〜48m以下
- ■……48〜60m以下
- ■……60〜72m以下
- ■……72m〜

↑⑱神明山公園のひょうたん池
神明橋のすぐ南にあるのが神明山公園で、ひょうたん池は湧水ポイント。落合川へは管渠でつながっているようです。

↑⑲地蔵橋付近の旧流路
この先に続く道路は、落合川の旧流路を埋め立てたものです。細い流れは清らかですが、これは埋め立て時、水を通す集水性のある管を埋設し、湧水を集めて本流に流しているためです。

↑⑳弁天橋の雨水幹線合流点
落合川に開いた大きな穴からは、雨の日に下水が流れ込んできます。下水といっても、落合川・黒目川流域では雨水と汚水を別で集める分流式下水を採用、汚水が流出することはありません。清流が保たれる鍵はここにもあります。

標高 50m の湧水点

沢頭流の流路を追うように落合川から離れると南沢緑地保全地域（⑮）にやってきました。「落合川と南沢湧水群」の代表格で、湧水量は多摩地域で最大といわれています。沢の奥にある給水所では、汲み上げた湧水と浄水場からの水を合わせて市の水道水にしています。なお、当地の標高は約50m。周囲には、湧水につきものの崖が見当たりません。ローム層下の扇状地は標高50m付近で勾配が緩くなっていて、とくに古多摩川が流れていた場所では地下水面が地表に到達し水が湧き出しているのです。上図の通り、標高50m地点には有名な湧水点があります。

➡㉑落合川源流
ここが落合川の上流端。川の全区間を歩いたことになります。水量が多いときには、川に架かる八幡橋の下からも水が湧いているそうです。

⬅㉒白山公園
黒目川の支流、西妻川の源流にあたる公園です。明らかな窪地で、湧水点はいくつかあるようです。

⬆㉓しんやま親水広場
久しぶりに黒目川の本流です。しばらくは川沿いの緑道を歩きます。緑道の下には別の水路が設けられていて、大雨で川が増水した際、余分な水が流れ込むしくみになっています。

⬆㉔柳窪緑地保全地域
黒目川源流へ南西方向に進みます。このあたりは柳窪緑地保全地域といって、寺社林や屋敷林の大木が寄り集まった樹林になっています。

⬆➡㉕黒目川天神社前
黒目川天神社付近が黒目川の源流域になります。落合川の南沢とは違って、地表付近にもローム層が堆積しているため、湧水量はけっして多くはありません。右の写真は、もう少し南西に進んだ上流部で、このとき水は見当たりませんでした。

落合川上流端と黒目川源流部

　落合川に戻り約200m、本流から離れて蛇行する旧河川を歩きます。住民の声を反映し、豊かな生態系が保存されているエリアです（⑯）。続いて「落合川いこいの水辺」と同様に緩傾斜護岸が整備された神明橋の下流でちょっと川遊び（⑰）。その後はわずかに上流、地蔵橋付近で合流する落合川旧流路のきれいな水を確認、暗渠となった流路（⑲）を歩き、本流に戻って弁天橋の雨水幹線合流点（⑳）、落合川上流端（㉑）と落合川を制覇します。

　最後は黒目川の源流を目指します。支流の水源地の白山公園（㉒）、黒目川本流の緑道（㉓）や柳窪緑地保全地域（㉔）を歩き、やってきたのは鬱蒼とした緑が影をつくる黒目川天神社前、黒目川の源流部（㉕）です。一行はさらに源流に沿って歩き、数年に一度の大雨時にのみ湧水が現れるという黒目川の源流点の「さいかち窪」がある小平霊園を訪れて、久米川駅でいよいよゴールです。

暗渠・湧水・用水の武蔵野路と文教都市

国立巡検

| 距離：約 8.5km
所要時間：4 時間 30 分 | 歩くエリア：東京都国立市、立川市
地形・地質ポイント：武蔵野台地、ママ下湧水公園、矢川おんだし、府中用水 |

軍都立川に開削された緑川

　国立巡検と題した本巡検ですが、立川駅北口をスタートして序盤の3kmほどは立川市内を歩きます。立川は、駅の南北で土地利用が大きく異なります。南側はかねてより商業施設が充実していますが、北側は昭和記念公園、陸上自衛隊の立川駐屯地、立川市役所などの官公庁、国立極地研究所などの研究施設、ららぽーと立川立飛……と広大な敷地をもつ施設が数多くあります。これらの土地はすべて、戦後、米軍に接収されるまで立川陸軍飛行場で、1977（昭和52）年までに敷地が全面返還されたものです。つまり北側は軍都立川の再開発エリア、南側は軍都を支える街から商業都市へと変化した街という歴史があります。

　巡検ではまず、前出・昭和記念公園に端を発する緑川の河道を追っていきます。川といっても、立川飛行場の排水を目的に 1943（昭和 18）年から約 3 年間かけて開削された人工河川です。加えて、住民の要望を受けて、1960 年代以降全区間で暗渠化（下水道化）され、今では暗渠上は公園や駐車場に姿を変えています。

←④暁橋跡
緑川の橋跡が続きます。暗渠の上は、多くが公園や駐車場に利用されています。

➡⑤羽衣小橋跡
緑川通りの終点（新田橋跡）を右折、中央線をくぐって線路の南にきました。線路沿いを東に歩いて、最初にある緑川遺構がこの橋。1954（昭和29）年8月の竣工です。

←②西和橋跡
曙町の交差点を右折、緑川の暗渠である緑川通りを東へ。500mほどのところに西和橋の欄干が残されています。

➡③曙三丁目橋跡
西和橋のすぐ東にあるのが、1954（昭和29）年7月竣工の曙三丁目橋です。

➡⑥緑川第一公園
⑤のすぐ南には細長い公園があります。もちろん、緑川の暗渠上につくられています。

国立巡検マップ

⑲国立駅
2006（平成18）年に「三角屋根」で知られた旧駅舎の使用が終了し、2020（令和2）年に再築・復元工事を終えた国立駅の南口がゴールです。

START

②西和橋跡
曙3丁目橋跡②③
④暁橋跡

⑤羽衣小橋跡

GOAL
国立駅⑲

⑱一橋大学

⑥緑川第一公園

⑦尺串橋
⑧矢川の源流

⑰大学通り

①立川駅
学園都市の玄関口、ゴールの国立駅までU字形を描く巡検は、立川駅北口からスタートです。

⑪ママ下湧水公園
⑬矢川おんだし
⑭くにたち郷土文化館
⑯谷保天満宮

緑川排水桶管⑨

⑩府中用水

⑫府中用水の谷保分水
⑮城山公園

© 国土地理院

⬅⬆⑦尺串橋
羽衣町三丁目交差点近くに残された、黄色く塗られた大きな橋の遺構（左写真）。北東方向からの緑川流路跡は、緑川第三公園（上写真）になっています。尺串橋の竣工は1959（昭和34）年3月。

⇐⑧矢川の源流
矢川弁財天の裏(北)の水流が、開渠として確認できる矢川の最上流部です。武蔵野台地・立川崖線の下からの湧水を水源とする矢川は、崖線に沿って流れて、一段下の青柳面を下り府中用水の谷保分水に合流します(⑬矢川おんだし)。

➡⑨緑川排水桶管
緑川が暗渠を出て多摩川と合流する地点。立川崖線に口を開けています。緑川はもともと立川飛行場(現昭和記念公園)の排水目的で掘削された河川で、住民の要望を受け上流から徐々に暗渠化されました。すぐ西には府中用水の取水桶門があります。

矢川の源流と府中用水

緑川通りと名を変えた緑川の暗渠には、開渠の時代に使われていた橋梁跡が数多く残っています(②〜④)。緑川通りの終点を右へ折れて線路の南側へ。そこにも羽衣小橋跡(⑤)、その南に細長い公園(⑥)、さらには尺串橋(⑦)という立派な橋跡があり、河川の記憶を今に伝えています。

南進して国立市に入る直前、のちに流れをじかに見ることになる矢川の、開渠としての最上流部(⑧)を崖下に眺めます。歩いている青柳大通りは武蔵野台地の立川面にあり、崖は立川崖線、矢川の源流は青柳面という一段下の段丘面を流れています。

青柳大通りを多摩川河岸まで南進すると、緑川排水樋管(⑨)が口を開けています。撮影時、樋管からの流れはほぼありませんでしたが、ここが緑川の多摩川への合流点です。

巡検は、崖線に沿って東へと歩いていきま

➡⑩府中用水

多摩川を右に見ながら、武蔵野の道と呼ばれる道を500mほど東へ歩くと府中用水にぶつかります。これは、立川崖下を流れる農業用水ですが、羽村の玉川兄弟が途中まで掘ったものを利用した、昔の多摩川の流路を使っているなど諸説あり、誰がいつ開削したのか定かではありません。

す。すると先ほど見た緑川排水樋管のすぐ近くで取水している府中用水の流れに出合います(⑩)。江戸時代には流域7村で管理していたことから「七ヶ村用水」と呼ばれていたそうです。

←↑⑪ママ下湧水公園
武蔵野台地の青柳面（青柳崖線）下から、「東京の名湧水57選」にも選ばれる湧水が流れ出ています。「ママ」は崖を意味し、実際ここは、青柳面から多摩川の沖積面まで約6mの崖になっています。湧水は、清水川（上写真）となって東へ流れていきます。

↑⑫府中用水の谷保分水
少し西にある谷保堰で府中用水の本流と分かれた谷保分水の流れです。

↑⑬矢川おんだし
平行する2本の水路が、手前を左から右へ流れる水路に合流しています。「押し出し」が訛って「おんだし」と呼ばれるようになったようです。左の水路が先ほどの清水川、右が源流を見てきた矢川、手前が府中用水の谷保分水の流れです。

←⑭くにたち郷土文化館
水路の標高から一段上がった住宅地にある小さな博物館です。歴史はもちろん、崖線や水路など国立市にまつわる地形についての展示物もあり必見！

↑⑮城山公園
ママ下湧水同様に、段丘崖が北にある中世豪族の館跡と伝えられる公園。古民家の旧柳澤家住宅も敷地内にあり、タイムスリップしたような感覚を楽しめます。

国立巡検エリアの標高差

立川駅周辺は赤色の標高80m超、南～東方向に向かうにつれてオレンジ色、黄色、黄緑色と標高が下がっているのがわかります。これらは、古多摩川が武蔵野台地につくった段丘に由来するもので、段丘面が変わる場所には崖が発達しています。たとえば「ママ下湧水公園」は、北側が標高70mほどなのに対して、湧水地は64mほどと、6mもの高低差をもつ崖の下で水が湧いています。また、湧水地として知られる谷保天満宮も台地の縁に立っています。

- ■……50m以下
- ■……50～60m以下
- 　……60～70m以下
- ■……70m～80m以下
- ■……80m～

↑⑯谷保天満宮

東日本最古の天満宮とされ、亀戸天神社・湯島天満宮と合わせて関東三大天神に数えられます。武蔵野台地・立川面の縁に位置し、境内には、「常盤の清水」と呼ばれる湧水があります。

2本の清流と用水が合流

府中用水を少し北へ離れると、比高約6mという武蔵野台地青柳面(立川面より一段下)の段丘崖に当たります。崖下がママ下湧水公園(⑪)で、清らかな湧水は清水川となって東流します。このあと清水川は、上流部を上から見た矢川とともに、「矢川おんだし」(⑬)で府中用水の谷保分水(⑫)と合流します。

その後も巡検は台地の縁を進み、城山公園(⑮)や、湧水でも知られる谷保天満宮(⑯)などを訪れていきます。そして最終盤は国立が誇る大学通り(⑰)を北進、国立駅でゴールを迎えます。

➡⑰大学通り

JR南武線・谷保駅西の踏切を渡って、都道146号を北進。東京都立国立高校(右下写真)を過ぎてすぐの歩道橋から、国立駅方向を見ています。この直線区間は、「新東京百景」にも選ばれている「文教都市・国立」のメインストリートです。国立駅の南に一橋大学が立地することから、「大学通り」と呼ばれています。春は桜、秋には銀杏が美しい通りで、12月には、美しいクリスマスイルミネーションが出迎えてくれます。

➡⑱ 一橋大学

「文教都市」国立市の代名詞ともいえる大学です。前身の東京商科大学が、神田区一ツ橋通町(現千代田区一ツ橋)にあったことから命名されました。「国立学園都市構想」を掲げて、百万坪もの土地を買い、雑木林を切り開いて国立駅を建てるなど、当地の開発を担ったのは箱根土地株式会社(のちの西武グループ)です。写真は東正門です。

福生巡検

距離：約13km
所要時間：約5時間

歩くエリア：東京都羽村市、福生市、昭島市
地形・地質ポイント：河成段丘、崖線、玉川上水

福生市域に広がる2面の段丘

　米軍・横田基地で知られる福生市は、多摩川の流れが武蔵野台地を削ってできた河成段丘の上にあります。市域の段丘面は、東側の立川段丘（立川面）と西側の拝島段丘（拝島面）に大別でき、それぞれの段丘の縁は立川崖線、拝島崖線と呼ばれる崖になっています。高位の立川面のほうが古い段丘です。立川面には JR 八高線が走り、市街地が広く形成されています。拝島面には青梅線が走り、その崖線は、熊川神社（⑪）の南で高さ約17〜18mに達します。崖下からは湧水が流れ出ています。

　巡検のスタート地である JR 青梅線羽村駅から多摩川へは、なだらかな下り坂です。これは拝島面からより低い段丘面に移っていき、沖積面に至るためです。

　段丘は江戸時代に整備された玉川上水の開削工事にも影響しました。玉川上水は羽村取水堰（③）から四谷大木戸まで約43kmに及びますが、取水堰から小平までにいくつもの段丘崖を上ります。これを、下流ほど標高が低くなる河床や段丘面に対して、水路の勾配をより緩やかにすることで克服しています。玉川上水からの分水である熊川分水と福生分水は、酒造や製糸業のほか、家庭用水としても利用され「水の街・福生」が形成されていきました。

←③羽村取水堰
江戸期に整備された玉川上水の始点となる取水堰です。多摩川の水が、ここから四谷大木戸までの約43kmを自然に流れていったというからすごい！

←④羽村大橋
1974（昭和49）年に完成した羽村市からあきる野市をつなぐ大橋です。2016（平成28）年に拡幅されて、現在の形になりました。

←②段丘を下る道
都道29号（立川青梅線）を越えて多摩川に向かうにつれて、段丘はより低い面に移っていきます。この地点は、拝島段丘から低位の段丘面（多摩川河岸の沖積層）に下りていく坂です。

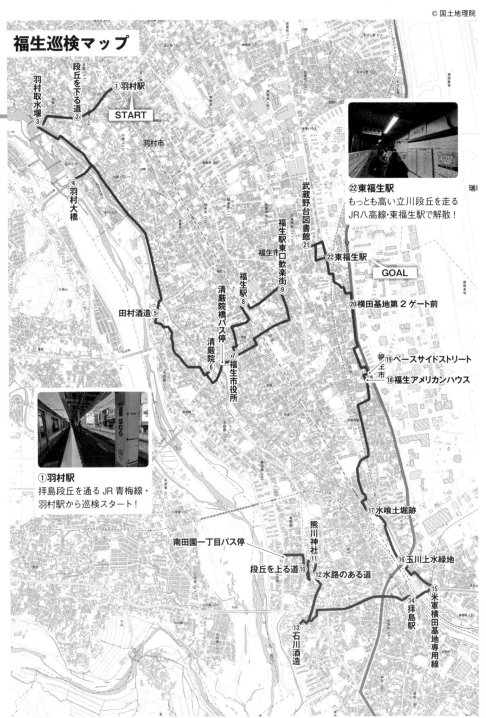

福生巡検マップ

① 羽村駅
START

② 段丘を下る道

③ 羽村取水堰

④ 羽村大橋

⑤ 田村酒造

⑥ 清巌院

⑦ 清巌院橋バス停

⑧ 福生駅

⑨ 福生駅東口歓楽街

⑩ 段丘を上る道

⑪ 熊川神社

⑫ 水路のある道

⑬ 石川酒造

⑭ 拝島駅

⑮ 米軍横田基地専用線

⑯ 玉川上水緑地

⑰ 水喰土堀跡

⑱ 福生アメリカンハウス

⑲ ベースサイドストリート

⑳ 横田基地第2ゲート前

㉑ 武蔵野台地図書館

羽村市

福生市

㉒ 東福生駅
もっとも高い立川段丘を走る
JR八高線・東福生駅で解散!

GOAL

① 羽村駅
拝島段丘を通る JR 青梅線・
羽村駅から巡検スタート!

南田園一丁目バス停

※清巌院橋バス停から南田園一丁目バス停までは、路線バスを使って移動します。

↑⑤田村酒造
1822（文政5）年創業の酒蔵。玉川上水から取水するほか、樹齢800〜1000年ともいわれるケヤキの大木のそばで発見された水脈を、酒造りに活用しています。代表的な銘柄は「嘉泉」。

↑⑥清岩院
拝島崖線からの湧水があります。室町時代初期に建立されたという古刹で、池泉回遊式庭園や境内に張り巡らされた水路に湧水が流れています。

←⑦福生市役所
福生市は、1940（昭和15）年に熊川村と福生村が合併してできた福生町を前身とし、1970（昭和45）年に市制施行しました。戦後しばらくは「基地のある町」を自負した町政を展開しました。

↑⑧福生駅
福生には1940（昭和15）年、日本軍によって多摩飛行場が整備されました。戦後、米軍に接収されて横田基地となってから福生の街並みは激変しました。

横田基地の開設で一変した街

　玉川上水と崖線からの湧水を利用した地場産業が発展した福生ですが、なかでも醸造業は全国的にも有名です。「嘉泉」の田村酒造、「多満自慢」の石川酒造はいずれも伝統を江戸時代から今に受け継ぎ、多摩地区を中心に親しまれています。

　福生は戦前までこうした醸造業のほか、製糸業や畑作を中心とする地域でしたが、戦後に米軍が多摩飛行場を接収して横田基地を開設すると地域経済が一変します。福生駅東口には米軍人を主要な客とする歓楽街が生まれました。1950（昭和25）年に朝鮮戦争が勃発すると、米軍人家族が基地の外にも居住するようになり、歓楽街は活況を呈します。しかし、売春行為が横行するなどしたため娯楽地域と居住地域を明確に区分する必要が生じました。

↑⑨福生駅東口歓楽街
横田基地の米軍人を相手にして発展した歓楽街です。とりわけ1950（昭和25）年に朝鮮戦争が起こると、遊女を抱える置屋が増加。その後、米軍と福生町が調整し、娯楽地域と一般住宅地が区別されました。このエリアは、現在もスナックなどが並んでいます。

福生周辺の土地条件図

福生市は隣接する羽村市や昭島市などとともに武蔵野台地の西端に位置し、多摩川によって形成された河成段丘上に存在します。横田基地がある市東側から多摩川に向かって、高い順に立川段丘と拝島段丘に大別され、さらに低位には天ヶ瀬段丘、千ヶ瀬段丘の2面が分布しています。段丘面の境は崖（崖線）で、その崖下のいたるところで湧水が流出し、この水の利を生かした養蚕業や酒造業が地場産業として発展しました。

© 国土地理院

◀⑩段丘を上る道
バスで南田園一丁目バス停まで移動したあと、この道を通って沖積低地から拝島段丘に上っていきます。明瞭な段差地形となっています。

↑⑪熊川神社
玉川上水の分水である熊川分水は、熊川村の養蚕業や酒造業に役立てられました。熊川神社の鳥居前には水車があったとされています。

↑⑬石川酒造
1863（文久3）年創業の酒蔵で、代表的な銘柄は「多満自慢」。石川家は熊川村の名士として、熊川分水の完成に尽力。自由に分水を使用する許しを得ていました。

↑⑫水路のある道
旧熊川村エリアには、今も熊川分水による水路があちこちで見られます。

⑭拝島駅
立川崖線の延長線上にあるのは拝島駅です。昭島市と福生市をまたぐように設置されており、JRの青梅線と五日市線、八高線、西武鉄道の拝島線が乗り入れています。

⑰水喰土堀跡
玉川上水の掘削の折、当初の計画ではこの近辺に水路を設ける予定でした。しかしこの付近の土地は、まさに「水を喰らう」ように水を地中に吸い込んでしまったため、取水口を現在の羽村に移して、玉川上水は完成しました。玉川上水はこの付近で、拝島面から立川面に上がることになります。

⑮米軍横田基地専用線
拝島駅を出てすぐにある線路は、米軍専用のもの。横田基地までの約1kmの鉄路で燃料を輸送しています。写真は基地方向を見ており、踏切は「横田1号踏切」です。

⑯玉川上水緑地
立川崖線に沿って南に延びる緑地帯。江戸期の玉川上水掘削跡などが残されています。

福生巡検 ちょっと寄り道！

旧街道の坂道にあった休憩場

　JR羽村駅西口を出てすぐに旧鎌倉街道があり、新奥多摩街道を越えると稲荷神社と禅林寺という古刹が姿を現します。この周辺は「お寺坂」とも呼ばれていますが、坂の途中には、馬を休ませるための水飲み場跡が残されています。段丘崖の豊かな湧水を活用していたようです。明治時代に道が整備されるまでは荷車1台がやっと通れるほどの幅しかない道で、この坂を上るのは困難だったとか。そこで、坂の下に住む農家の人たちは、肥料や農作物の運搬を、荷車を引く馬に頼り、坂の途中で馬を休憩させるための水飲み場を設けたとされています。1894（明治27）年、青梅鉄道が開通してからは、多摩川の砂利を羽村駅まで運搬する馬の水飲み場としても利用されました。周辺にある禅林寺には『大菩薩峠』の作者、中里介山氏のお墓があります。当時に思いを馳せながら周辺を散策してみるのもよいかもしれません。

馬の水飲み場跡
稲荷神社
羽村街道
羽村橋
禅林寺
© 国土地理院

お寺坂に設けられた馬の水飲み場は、江戸〜明治時代まで周辺住民に利用されていました。

⑱福生アメリカンハウス
朝鮮戦争時、横田基地へ米軍人が集中的に配備されるようになりました。その際、周辺の住居が不足したため、東口歓楽街の業者や高収入を期待する農家がこぞって米軍人向けの住居（ハウス）を建設。ハウスは町内全域に広がりましたが、とくに立川段丘面のJR八高線と横田基地に挟まれた地域に集中しました。

⑲ベースサイドストリート
横田基地に接する国道16号沿いにある商店街。計画的にではなく、米軍人向けの商店が自然発生的に集まったとされています。国道の東側は基地のフェンスがあることから西側だけに商店が並び、その長さは1.6kmにも及びます。

㉑武蔵野台図書館
1988（昭和63）年に市長に就任した石川彌八郎氏のもとで整備された武蔵野台図書館。当時の福生市は、米軍駐留による国からの補助金を公共施設の整備に充てていましたが、この図書館建設はその最終期にあたります。以後の福生市は、補助金に依存しない財政運営を目指していきます。

⑳横田基地第2ゲート前
横田基地に駐留する米軍人は、福生の経済に貢献していましたが、1973（昭和48）年の変動相場制移行により円高が急激に進行。それを機に彼らの消費は基地内に向けられることとなり、基地前商店街が衰退。その後、日本人客をおもな対象とした店舗も増えるなど、米軍依存の商店が様変わりしていきました。

基地の街から新しい街へ

　1951（昭和26）年以降、米軍人家族は、JR八高線と横田基地に挟まれた地域に集住しました。こうした家はアメリカンハウス（⑱）と呼ばれ、建設ブームが到来。大量の労働力が福生に流入しました。横田基地前に広がるベースサイドストリート（⑲）のようにサービス業者が増え、畑は家屋や店舗に姿を変えていきました。以来、福生町政・市政は米軍基地とのかかわりが不可欠になりました。

　歴代首長は、米軍基地を引き受ける代わりに国から交付される補助金などを財政基盤としていました。しかし、1990年代には公共施設整備が一段落したこと、市内の景気低迷、都政の都市計画から冷遇されるなどの事態が重なり、市長は基地からの自立を示唆するようになりました。

　こうして福生は「水の街」から「基地の街」へと変遷したのち、現在は基地に依存しない新たな街のあり方を模索しているのです。

男鹿半島の最北端、入道崎で記念撮影！

東日本の日本海側を縦断！
夏合宿2023レポート

　都内や近郊を歩く「巡検」とは別に、地理部では年に数回、より遠方へ出向き広範囲を数日間かけて周遊する「合宿」を開催しています。ここでは、2023年8月下旬と9月中旬に2日程開催した「夏合宿2023」を紹介します。2日程行うのは参加者を分散させるためで、両日程とも昼間は周遊ルートごとに「分隊」が設定され、各自が自由に選んで参加します。「夏合宿2023」では、おおむね定番コース的なa分隊とややコアなコースをいくb分隊の2分隊という設定に。ただし、単独行動も可能な上、事前に伝えておけば、ふらっと抜けたり加わったりできます。

　「夏合宿2023」は、新潟駅に朝8時30分の集合です。当日の早朝、東京駅発の新幹線で間に合う時間設定ですが、個人や数名で数日前から旅へ出たままに合流したり、新潟市内や佐渡島観光のために前乗りしたりと、事前に新潟入りしている部員も少なくありません。旅程は、新潟駅を起点にJR白新線・羽越本線・奥羽本線や由利高原鉄道などの鉄道や路線バスなどを乗り継いで、日本海側を北上、男鹿駅で解散となる3泊4日の旅です。

　初日のa分隊が遊覧船で名勝・笹川流れを見たり、2日目のb分隊がフェリーで飛島（山形県）へ向かうなど海にも進出！　そして4日目は2分隊行動をやめて、全員でチャーターした観光バスに乗り込みます。八郎潟の干拓地や潮瀬崎、館山崎など男鹿半島のジオサイトを堪能したのちに解散に。東北地方の日本海側という、すばらしい魅力にあふれるエリアを巡ることができ、非常に充実した合宿となりました。そして合宿後も夏休みを謳歌するべく、多くの部員がさらに旅を続けていきました。

「夏合宿2023」旅程概要

	a分隊	b分隊
1日目	新潟駅集合	
	↓	↓
	村上	新潟市街（治水をテーマに散策）
	↓	
	笹川流れ	
	↓	↓
	鼠ヶ関	
	鶴岡（宿泊）	
2日目	羽黒山	酒田
	致道博物館	飛島
	加茂水族館	酒田市街
	酒田（宿泊）	
3日目	↓	↓
	新庄	象潟
	↓	↓
	十文字	羽後本荘
	↓	↓
	増田	矢島
	秋田（宿泊）	
4日目	大潟村干拓博物館	
	なまはげ館	
	男鹿半島（ジオサイト）	
	男鹿駅で解散！	

遊覧船から侵食海岸の笹川流れを堪能！

酒田港からフェリーに乗って離島・飛島に！

新潟市の新川と西川（水路橋）の立体交差。

圧巻、館山崎（男鹿半島）のグリーンタフ。

男鹿駅前での「解散の儀」に集合！

第4章
神奈川と千葉の
地形散歩

丘陵や海岸線に刻まれた谷と軍港の街をいく

横須賀巡検

| 距離：約13km | 歩くエリア：神奈川県横須賀市 |
| 所要時間：約6時間 | 地形・地質ポイント：三浦丘陵、上総層群、リアス海岸、谷戸 |

三浦丘陵に刻まれた谷戸地形

　横須賀市が位置する神奈川県の三浦半島は、北の多摩丘陵から続く標高約100〜200mの三浦丘陵が骨格であり、その丘陵や台地には雨水や湧水、小河川による侵食によって無数の小さな谷が刻まれています。谷といっても激しいV字谷ではなく、谷底には比較的広く緩やかな「谷戸地形」が形成されています。

　この巡検では、起伏に富む市域での暮らしと歴史に焦点をあて、途中、電車やバスを活用して久里浜や浦賀、衣笠など横須賀市内の広い範囲を巡ります。

　スタートは久里浜地区（①）。ここは東京湾の外湾と内湾の境界で、江戸時代から防衛ラインとして重視されてきており、今も米軍や自衛隊が施設を設置しています。軍事上重要な拠点だったために、谷戸地形を縫うように、ときには貫くように、市内に鉄路が張り巡らされているのも特徴です。

　続いて向かうのはペリー公園（③）。この周辺は、久里浜港に注ぐ平作川沿いに広がる低地です。しかし往時は、イオン久里浜店あたりまでは入り組んだ入江でした。ここは、1923（大正12）年の関東大震災で隆起、陸化した地域なのです。

　一行は、平作川にかかる開国橋のバス停（④）からバスで浦賀へ向かいます。このバスルート上には、普段あまりお目にかかることがない施設があります。何とこのバスは少年院・刑務所の敷地内でUターンするのです。

←②海上自衛隊官舎
久里浜には、海上自衛隊の官舎が置かれています。この付近は住宅街として開発が進められました。また、市立小学校同士が隣接しているほか、市立商業高校・工業高校（2003年に市立横須賀高校と統合し市立横須賀総合高校に）も立地しています。

←③ペリー公園
久里浜にペリーが来航したことを記念してつくられた公園。ペリーといえば浦賀と思う方が多いかもしれませんが、実際に上陸したのは久里浜でした。当時、浦賀は幕府の重要な防衛拠点だったので、それより外側に位置する久里浜に寄港させたのではないかと考えられています。

➡④開国橋バス停
久里浜港へ注ぐ平作川がつくった平地に位置します。かつては細長い入り江でしたが、江戸期に新田開発が行われました。ここから京急バスに乗って西浦賀町四丁目バス停へ向かいます。

© 国土地理院

横須賀市北東部の色別標高図
横須賀市は三浦半島の中・北部に位置し、北〜東岸は東京湾・太平洋に、西岸は相模湾に面
しています。地形的には、市の主要エリアが含まれる横浜市南部から連続する丘陵地（三浦丘陵）
のほか、台地、低地に分けられます。上図からも明らかなように、丘陵地には雨水や湧水、小河川
による侵食で複雑に入り組んだ谷戸地形が、市北東部にはリアス海岸のような海岸地形が発達し
ています。戦後の埋め立てによって、一部の沿岸部の地形が変化したほか、丘陵地の斜面や谷
戸にも宅地が造成されました。

■……10m 以下
■……10〜20m以下
■……20〜30m以下
□……30〜40m以下
□……40〜50m以下
■……50〜60m以下
■……60m 〜

➡⑤浦賀奉行所跡
浦賀奉行は、京都町奉
行、長崎奉行などと並
ぶ江戸幕府の遠国奉
行のひとつです。幕末ま
では海防の要所でした
が、今となっては何も残
されていません。

⬅⑥浦賀造船所跡
1899（明治32）年に建造
された旧住友重工業の追
浜造船所浦賀工場跡地。
「浦賀ドック」の通称名で広
く知られています。イベント
などで一般開放されること
もあります。

⬆⑧横須賀中央駅
名前の通り、周辺は横須賀の都市機能が集約した中
心市街地です。駅前にはペデストリアンデッキが設けら
れ、商業ビルや中高層マンションが建ち並んでいます。

➡⑨三笠公園
旧日本軍の戦艦「三
笠」が展示されている
公園です。戦艦内部
が保存（公開）されて
いるほか、猿島とを結
ぶ連絡船もここから出
航しています。猿島
には、旧日本軍の砲
台や兵舎、弾薬庫な
どの遺構が残されてい
ます。

➡⑦浦賀駅

京急本線は泉岳寺から浦賀
を結ぶ長大路線ですが、堀ノ
内駅から終着の浦賀駅までは
まるで「支線」のような扱いに
なっています。それは、戦時
下に早急な久里浜への延伸
が求められた結果、浦賀駅
経由で久里浜へ延伸するよりも、堀ノ内駅で分岐したほうがより安
く、早く建設できることがわかり、久里浜線が敷設されたためです。
ここから今度は電車に乗り、横須賀中央駅へ向かいます！

↑⑩米軍基地ゲート
横須賀市内には3つの米軍関係施設があり、その面積の総和は336万㎡と、市面積の約3.3%を占めています。周辺を走る自動車のナンバーには、米軍が使う私有車（日本国内調達）を表す「Y」や輸入された私有車を表す「E・H・K・M」が目につきます。

↑⑪ドブ板通り
戦前から、帝国海軍横須賀鎮守府の門前町として栄えたエリア。名前の由来は、かつて通りにドブ川が流れていて、そこに海軍工廠から提供された厚い鉄板でフタをしていたことによるとされます。現在は、米兵向けのお土産として人気を博したスカジャンや海軍カレーなど、飲食・観光関連の店舗がたくさん並んでいます。

←⑫汐入駅周辺
周辺エリアは、市街地再開発事業によって大きく姿を変えました。なかでも横須賀芸術劇場（写真右端）はオペラハウス仕様の大劇場を有し、地域の象徴的な存在になっています。

歴史を感じる浦賀の海岸線

　浦賀は、黒船で来航したペリーと幕府が交渉した地ですが、歩いてみると細長い入り江になっていることがよくわかります。そのため、江戸時代から対岸を行き来するために渡船が用いられてきました。今も渡船の航路は横須賀市道に登録されており、誰でも乗船できる浦賀地区の重要な足となっています。

　海岸線を歩いて奉行所跡（⑤）や造船所跡（⑥）などを経由しながら京急浦賀駅へ。ここから京急本線で横須賀中央駅へ向かいます。そこは商業ビルや中高層マンションなどが建ち並ぶ、まさしく横須賀の中心市街地。ヤシの木が植栽されたよこすか海岸通りを抜けて、戦艦「三笠」が展示されている三笠公園（⑨）へ。スタートから約3時間、さまざまな方法で移動を続けてきた一行は、三笠公園でしばしの休憩を挟みます。

↑↓⑬ヴェルニー公園
日本近代化の原点ともいわれる、横須賀製鉄所を建設したフランス人技師の名前に由来した公園です。彼は横須賀の軍港都市化に大きく貢献し、1871（明治4）年に1号ドックを建設。観音崎灯台や城ヶ島灯台の建設にも寄与しました。

公園からは、寄港している米軍や自衛隊の艦艇や潜水艦などを間近に見ることができます。

横須賀巡検マップ

⑭ JR横須賀駅

⑬ ヴェルニー公園

⑫ 汐入駅周辺

⑩ 米軍基地ゲート

⑨ 三笠公園

⑮ トンネル上の歩道

⑪ ドブ板通り

⑯ 京急線踏切

⑧ 横須賀中央駅

⑰ 坂本中学校

⑱ 平和台

GOAL

⑳ 衣笠駅

⑲ 衣笠大通り商店街

① 京急久里浜駅
平作川沿いの低地に位置する、京急久里浜駅から巡検スタート!

⑦ 浦賀駅

⑥ 浦賀造船所跡

⑤ 浦賀奉行所跡

START

⑳ 衣笠駅
鉄道での移動も含む長時間の巡検も、JR横須賀線の衣笠駅でいよいよ解散。ちなみに駅名は「きぬがさ」、地名は「きぬかさ」です。

① 京急久里浜駅

② 海上自衛隊官舎

④ 開国橋バス停

④ 西浦賀町四丁目バス停

③ ペリー公園

© 国土地理院

第4章　神奈川と千葉の地形散歩　**101**

↑⑭横須賀駅
京急線の横須賀中央駅前とは打って変わって、周辺には高層ビルなどの大きな建物はほとんどありません。これは、駅が丘陵地と海岸に挟まれた狭い土地に位置していて平地が少ないこと、開通時に横須賀市街の土地買収の手間を避け、町外れに駅を設置したことによります。

↑⑯京急線踏切
谷戸を通り抜ける京急線。上下移動の多さや自動車でのアクセスのしづらさから、空き家問題が懸念されている谷戸地域ですが、駅や商店のある市街地に直線距離では比較的近いこともあり、近年では空き家をシェアハウスとして貸し出すなど、市はコミュニティの希薄化を防ぐ試みを行っているようです。

↑⑮トンネル上の歩道
谷戸地形が多くの部分を占めるこの地域には、大きな商店街などはありません。近年では、谷戸地形の傾斜部分を中心に空き家や空き地などが増加しており、地域のスポンジ化が懸念されています。写真は、横須賀駅から背後の谷戸地形にある住宅地に向かう階段。トンネルの上まで続く長い階段からも、上下移動の労苦は推して知るべし。

横須賀巡検 ちょっと寄り道！

地中深くにあるはずの蛇紋岩がなぜ？

　衣笠駅の南側、集合住宅などが建ち並ぶ一角に切り立った崖があります。ここは蛇紋岩の露頭で、鉱物ファンには知られた場所です。蛇紋岩は、マントルを構成するカンラン岩が、地球深部で水と反応して変質したものです。濃い緑色で独特の光沢をもち、非常にもろいという特徴があります。これがプレート運動などの地殻変動によって、付加体として地上に現れたものがこの露頭です。この露頭は、2023（令和5）年秋現在、フェンスなどで囲われており、今後コンクリートなどで覆われるかもしれません。

衣笠駅前の蛇紋岩露頭。含まれる白い鉱物が蛇のように見えることから命名されました（撮影は2022年）。

↑⑰坂本中学校
2007（平成19）年に隣接している桜台中学校と統合した坂本中学校。両校のおもな通学区域は典型的な谷戸地域であり、人口減少・少子高齢化が顕著なエリアでした。また、近隣にある坂本小学校も学校再編対象となり、廃校となりました。

↑⑱平和台
横須賀市は、戦後に軍事都市から首都圏郊外の衛星都市への転換が進み、丘陵上に住宅地が数多く造成されました。しかし今後、丘陵地の住宅地では、地区の高齢化率の高まりとともに、交通アクセスに関する問題が懸念されています。

↑⑲衣笠大通り商店街
衣笠地域には、鎌倉時代に隆盛した三浦氏の衣笠城がありました。平作川の上流にあたり、久里浜にかけて細長い平地が続いており、戦後は周辺住宅地の中心として栄えました。衣笠駅から衣笠十字路の交差点にかけては、アーケード商店街が広がり、今も活気が見られます。

住宅街が形成される丘陵地

　次に、米軍基地に隣接する街を歩いていきます。横須賀には、米軍人とその関係者や家族ら約1万2000人が居住しています（2021年時点）。ドブ板通り（⑪）は観光客や米兵向けの店が多く、スカジャンの聖地としても有名です。ドブ板通りを抜けると汐入駅（⑫）に到着。周辺は戦後、米軍で賑わう街として発展しました。その後の未利用国有地を含めた再開発では、劇場やホテル、商店、住宅などを整備した新しい街並みが形成されました。

　さて、ここまでは半島の低地部分を歩いてきましたが、最後はJR横須賀駅からJR衣笠駅にかけての高低差のあるエリアを巡ります。終盤戦での激しい上り下りですが、隆起してできた三浦丘陵とそこに発達した谷戸地形を体感するには不可欠な行程です。ここはかつて軍事拠点だったため、地形に沿って鉄道が整備されたこともあり、斜面地や谷地の住宅にも需要がありました。現在は、空き家対策の一環として学生を対象にしたシェアハウスなどの供給の試みも行われているようです。最後のハードな区間を越えれば、いよいよゴールの衣笠駅。当日は、予定時刻を大幅に超えて到着。解散後は、駅近くのアーケード商店街（⑲）の老舗飲食店で空腹を満たす参加者もいました。

生田よみうり巡検

距離：約13km（約3km）
所要時間：約6時間（約2時間）
※カッコ内は延長戦

歩くエリア：川崎市多摩区、東京都稲城市
地形・地質ポイント：多摩丘陵、ポットホール（甌穴）、谷戸地形

丘陵に五反田川が開いた谷

関東地方南部の地質を概説すると、三浦層群、上総層群などの硬い基盤層があり、おもに丘陵地を形成しています。場所によっては、おもに海によって形成された相模・下総層群や河川によって形成された段丘堆積物がその上に載り、下総台地や下末吉台地、武蔵野台地、相模野台地などの段丘を形成しています。

これら段丘の上には、風によって運ばれた関東ローム層が堆積します。本巡検エリアは、おもに海で堆積した上総層群やそれを覆う堆積物（相模層群および関東ローム層）からなる多摩丘陵になります。

小田急線の線路に寄り添うように、西から東へ流れる河川は、多摩川に注ぐ五反田川です。全長は約4.7km、上流から下流まで

の距離が短く標高差も大きいため、急な流れによって多摩丘陵を削り谷戸地形を形成しました。この急流は、生田駅南口に「五反田川甌穴（ポットホール）群」（③）をつくりました。ポットホールとは、硬い岩盤の川底のくぼみに挟まった石が、激流により長い期間回転することで削られた穴です。

生田駅から出発して五反田川を越えてすぐの階段を上ると住宅街が広がります。この周辺から長沢浄水場（④）までは、比較的なだらかな多摩II面に分類されます。当地は、1927（昭和2）年に小田急線が開通して以降、ベッドタウンとして開発されました。団地周辺では道路も広めに整備され、小さな商店街もあります。長い階段を上らなくてはいけない点を除いては駅にも近く、住みやすい環境が整っている印象です。

←②生田歩道橋
江戸時代に絹や柿、炭などの特産品が行き交った津久井道であることを示す文字が今も残されています。当時も今も交通で大きな役割を果たしています。

→④長沢浄水場
東京都水道局と川崎市上下水道局の浄水場が隣接しています。ここで浄化された水が川崎市全域や大田区、世田谷区などで生活用水として用いられています。

↑③五反田川甌穴群
生田を流れる五反田川は上流から下流までの距離が短く、標高差も大きいため、暴れ川として知られています。その急流によってできるのが甌穴（ポットホール）です。川底の凹凸部分に落ち込んだ石が回転して、数百年もかけて岩盤を削ることで、このような円筒状の穴ができます。

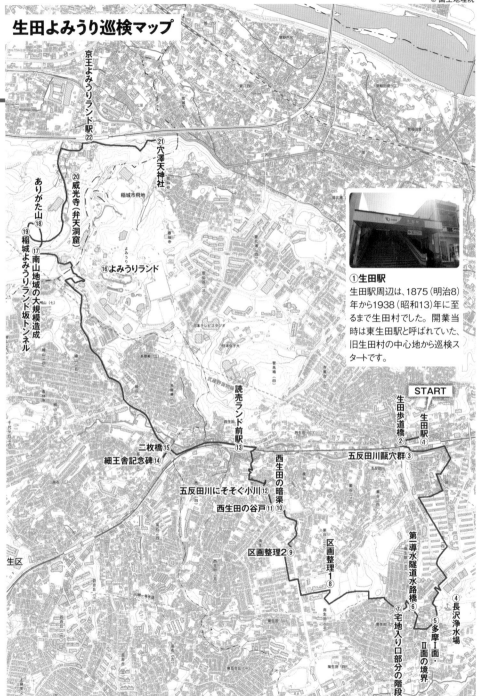

© 国土地理院

生田よみうり巡検マップ

京王よみうりランド駅 ㉒

穴澤天神社 ㉑

⑳ 威光寺・弁天洞窟

ありがた山 ⑱

⑲ 稲城よみうりランド坂トンネル

⑰ 南山地域の大規模造成

稲城市飛地

よみうりランド

日本テレビスタジオ

⑯よみうりランド

読売ランド前駅 ⑬

二枚橋 ⑮

細王舎記念碑 ⑭

五反田川にそそぐ小川 ⑫

西生田の谷戸 ⑪

西生田の暗渠 ⑩

区画整理2 ⑨

区画整理1 ⑧

START

生田歩道橋 ②

生田駅 ①

五反田川甌穴群 ③

第一導水隧道水路橋 ⑥

多摩Ⅰ面・Ⅱ面の境界

④ 長沢浄水場

⑦ 宅地入り口部分の階段

① 生田駅
生田駅周辺は、1875（明治8）年から1938（昭和13）年に至るまで生田村でした。開業当時は東生田駅と呼ばれていた、旧生田村の中心地から巡検スタートです。

※本巡検の地図は、2023（令和5）年秋、巡検開催時の国土地理院地図を掲載しています。
その後、一部の道路などが改修されておりますこと、あらかじめご了承ください。

© 国土地理院

⑳京王よみうりランド駅
読売ランド前駅⑬
生田駅⑪
④長沢浄水場
多摩Ⅰ面・Ⅱ面の境界⑤

■……0m 以下
■……0 ～ 30m 以下
■……30 ～ 60m 以下
■……60 ～ 90m 以下
■……90 ～ 120m 以下
■……120m ～

多摩丘陵の高低差

多摩丘陵は、入り組んだ谷と高低差の多い多摩Ⅰ面(西側=地図左方向)と、なだらかな地形の多摩Ⅱ面(東側=地図右下方向)というふたつの段丘面に大別できます。右上の濃い青色(低地)は多摩川河岸部です。

↑⑤多摩Ⅰ面・Ⅱ面の境界

多摩丘陵をつくる段丘面は、高位の多摩Ⅰ面(約50万年前)と低位の多摩Ⅱ面(約25万年前)に大別されます。そして、長沢浄水場の近くにある坂道がその境界になっています。浄水場側(東)の多摩Ⅱ面はなだらかな坂ですが、多摩Ⅰ面(西)には、高低差の激しい谷戸地形が広がります。

↑⑥第一導水隧道水路橋

水源と長沢浄水場をつなぐ導水トンネル。下九沢分水池から長沢浄水場まで総延長21.6kmにも及びます。これが、地上に露出している唯一の水路橋です。

➡⑦宅地入り口部分の階段

この周辺は、高度経済成長期に無秩序に住宅が建てられており、スプロール化が顕著です。写真は、10段ほどの階段を下りなければ家に入れない区画です。

スプロール化が顕著な多摩Ⅰ面

　浄水場付近の坂道が、多摩Ⅱ面より古い(高位の) 地層の多摩Ⅰ面との境界です。多摩Ⅰ面と多摩Ⅱ面には、ともに樹枝状の侵食谷が発達していますが、多摩Ⅰ面のほうがより険しくなっています。このあとの巡検ルートは、今までよりも激しくアップダウンを繰り返すことになります。

　この地域は本来は住宅地に向きませんが、高度経済成長期に乱開発されたため、スプロール化が顕著です。スプロール化とは、都心部から郊外へ無秩序かつ無計画に開発が拡散すること。多摩Ⅰ面の住宅街には、曲がりくねった坂道や急な階段なども、よりあちこちに見られるようになります。

←⑧区画整理1

1972 (昭和47) ～1977 (昭和52)年に行われた区画整理事業で計画されていた長沢線の終点。本来はこの先も1本の道路でつなぐ予定でした。

しかし、すでに1958 (昭和33)年には日本初の民間公園墓地である春秋苑が造成されており、周囲には住宅地が広がっているため、現在も完成に至ってはいません。

➡⑨区画整理2

長沢線を南北に貫く市道には中央分離帯が設けられ、閑静な住宅街が広がります。丁字路で区切られており、そこから北側はスプロール化した入り組んだ道が続きます。

←⑩西生田の暗渠
西生田周辺は1960年代まで多数の小川が流れており、あちこちで暗渠を見かけます。これらの小川は、津久井道沿いを流れる五反田川に注いでいます。

↑⑪西生田の谷戸
西生田一帯に広がる地形の一例です。この急な崖と谷地形こそが多摩I面の特徴といえます。

➡⑫五反田川に注ぐ小川
用水路として残されている小川。五反田川は細い谷から数々の川を集めていたために暴れ川になっていました。

←⑬読売ランド前駅
1927（昭和2）年に開業した当初は西生田駅という名称でした。その後、1964（昭和39）年によみうりランドが開業し、現在の名称へと変わりました。

↑⑭細王舎記念碑
細王舎は1889（明治22）年創業、農蚕機械器具を製造していた会社です。大正初期に開発された足踏脱穀機「ミノル式親玉号」は全国的に広く利用され、神奈川を代表するメーカーとなりました。小田急は当初、生田村中心部から離れた細王舎近くの現・読売ランド前駅の場所に「生田駅」を設置しようとしていました。

↑⑮二枚橋
1180（治承4）年、源義経や弁慶らが当地を通りかかった際、あまりに粗末な橋だったので、つくり直したとされています。横からは、のし餅を2枚重ねたように見えたため、二枚橋と命名されました。

←⑯よみうりランド
読売グループは積極的に施設の改築を行っています。かつては人工雪によるスキー場や水中劇場などもありました。

↑⑱ありがた山

宅地造成工事が行われるなか、ポツンと残されている小さな山。ここには、1940（昭和15）年頃に、関東大震災などで都心に取り残されていた4000を超える無縁仏が運び込まれました。墓石を運ぶときに「ありがたや、ありがたや」と唱えたことから、この名がついたと伝えられています。その特異な雰囲気から、特撮ものの撮影場所にもなりました。

↑⑰南山地域の大規模造成

よみうりランド北側の稲城南山エリアは、「現代の里山再生」というビジョンのもと、現在1000戸を超える大規模な住宅開発が進行しています。読売ジャイアンツの新球場も建設される予定です。

京王線の稲城駅（左上）南東部で進む丘陵開発のよう。かつて山砂を採取したことでできた危険な崖の解消、スプロール化による無秩序開発の懸念などを背景に2006年から進められています。正式名称は「多摩都市計画事業 稲城南山東部土地区画整理事業」といって、総面積は約87.5ヘクタール、工期は2025年3月31日までの予定です。

©国土地理院（2019年10月30日撮影）

↑⑲稲城よみうりランド坂トンネル

2021（令和3）年に開通したトンネル。かつての旧道は埋め立てられることになっており、代わりに設置されました。

里山再生をテーマにした再開発

　一行は生田の谷戸地域を抜けて、読売ランド前駅（⑬）に到着しました。ここでしばしの休憩を挟み、後半は「東京最後の大開発」と呼ぶにふさわしい、絶賛大規模開発中、南山東部地区の区画整理事業を見ていきます。まず目指すのはよみうりランドですが、駅からの行程は長くなだらかな斜面を20〜30分ほど歩かなくてはならないため、巡検隊は二枚橋からバスを利用しました。一部の部員は走って向かいましたが、あまりおすすめはできません。

　よみうりランドで遊ぶことなく、北側に抜けると、そこでは大規模な宅地造成事業が行われています（2023年12月現在）。この開発は2003（平成15）年に策定された都市計画マスタープランに基づき、里山の再生をテーマとし、広大な開発区域は稲城駅南側にまで及びます。

大規模開発に至る経緯

　よみうりランド周辺は稲城南山エリアと呼ばれ、現在1000戸にも及ぶ宅地開発が行われています。

　この地域は、もともと北側斜面で日当たりがあまり良くなかったため、高度経済成長期にはすでに耕作放棄地が広がり、不法投棄も多発していました。さらに、土地所有者が土地を細かく売ることで、計画性のない宅地化が起こり、住宅地としての価値が低くなるスプロール化の発生も懸念されていました。

　そこで、一体的な宅地開発が計画されましたが、多摩丘陵の里山保全を訴える市民による反対運動が起こります。映画監督の高畑勲氏も反対派に加わり、開発主体との話し合いによって「現代の里山再生」というビジョンが提案されました。地域のコミュニティづくりが重視され、南山BASEという拠点も設置。地域資源を活用した再開発として区画整理が進められています。

↑⑳威光寺（弁天洞窟）
かつて「新東京百景」に数えられた弁天洞窟がある威光寺。洞窟内には、穴澤天神社から移設された石仏がありましたが、現在は崩落の危険があるとして入れません。

←㉑穴澤天神社
三沢川沿いの多摩丘陵中腹にある神社。東京の名湧水57選に数えられる湧水が有名です。境内の北側斜面には横穴があり、弁天洞窟にある石仏は、もともとここに安置されていました。

➡㉒京王よみうりランド駅
1971（昭和46）年、京王相模原線の開通によって開業した駅です。よみうりランドとを結ぶゴンドラ「スカイシャトル」乗り場が隣接しています。

梨をめぐる市政の差

　稲城市は、都内最大の梨の産地です。元禄年間から栽培が開始され、明治時代中期には本格的な商業栽培が定着したとされています。現在は約36ヘクタールの農地で毎年1000トンほどの生産量があり、「稲城の梨」として特産品になりました。そんな梨の天敵が、サビ病菌によって葉っぱが変色する「赤星病」です。感染すると、葉っぱの表面に現れたオレンジ色の斑点が徐々に大きくなり、商品として出荷できなくなります。赤星病を引き起こすサビ病菌を媒介するのは、カイヅカイブキなどビャクシン類のなかのひとつです。そのため、稲城市ではビャクシン類の栽培を規制する条例が設けられていますが、お隣の川崎市には、いっさい規制がありません。実際に西生田の団地には、カイヅカイブキが植栽されています。住宅地などは市域をまたいで開発されてきたいっぽうで、梨の栽培を巡る市政には大きな差があるようです。

矢野口周辺ではあちこちにビャクシン類の栽培規制看板があります。

西生田で植栽されているビャクシン類のカイヅカイブキ。

生田よみうり巡検マップ（延長戦）

© 国土地理院

㉓稲城駅
京王線稲城駅に移動して延長戦がスタート！ 南山地域西側エリアの開発地を巡ります。

稲城駅㉓
南山地域の新興住宅㉔
㉖丁字路
㉕南山BASE
稲城市
㉗三沢川
矢野口の区画整理㉘
矢野口駅㉙
GOAL

㉙矢野口駅
稲城駅から奥の「多摩丘陵の谷の入り口」にある立地「谷の口（やのくち）」から名付けられたという矢野口駅で延長戦もゴール！

←↑㉔南山地域の新興住宅
南山地域の西側エリアは、よみうりランド周辺とは違って、すでに多くの住民が暮らしています。かつての里山の斜面に住宅が並んでおり、まるで棚田のように住宅地が広がっています。

↑㉕南山BASE
地域住民の憩いの場となる拠点施設です。開発に対する、地域住民の意見を取りまとめたりする活動を行っていました。隣接する奥畑谷戸公園でのイベントなども主催しています。

↑㉖丁字路
スーパーマーケット手前の道路は途中で丁字路になっています。この道路は延伸されて、今は東西で分断されている南山エリアをつなぐ予定です。

←㉗三沢川
多摩川水系の支流で、川崎市と稲城市をまたいで流れています。多摩ニュータウン開発の際、増大する雨水の流出対策のために三沢川分水路が整備されました。

南山と矢野口に開発の違い

　本隊は京王よみうりランド駅で解散、延長戦は京王線を使って移動し、京王線稲城駅から再出発です。まず、南山地域の新興住宅地を巡ります。棚田状に住宅が広がり、台地の頂点から見る夜景が美しいエリアです。それが矢野口駅南側までくると、まったく違う区画整理のようすが見られます。そして、多摩丘陵の住宅開発を知る6時間超の巡検も矢野口駅でついにゴールです。

⇒㉘矢野口の区画整理
稲城市による土地区画整理事業が行われています。南山エリアは里山を切り開いていますが、ここは住宅や畑があっ

た土地に道路を敷き直して区画整理しています。そのため現状では、道路の接続に違和感がある場所や、不思議な更地を見かけます。

横浜港の隣接地としての土地利用史を知る

根岸本牧巡検

距離：約12km
所要時間：約6時間

歩くエリア：神奈川県横浜市中区、磯子区
地形・地質ポイント：本牧台地、波食台（はしょくだい）、関東ローム層

低地に見る川跡と開国の歴史

横浜市の根岸から本牧にかけては、台地と低地が分布しています。地層を見てみると、古い順から基盤層の上総層群、その上に海で堆積した下末吉層、さらに火山由来の風成塵である関東ローム層が堆積しています。プレート運動にともなう隆起と火山由来のローム層の堆積で標高を増した台地を、長い年月をかけて川や海が削った結果、高低差のある地形とリアス海岸のように入り組んだ低地が形成されました。

スタート地点のJR山手駅（やまてえき）は、ちょうど川が台地を削った低地にあります。駅を出てすぐにある大和町通りは、約500mに及ぶ細長

⮕②大和町通り
1864（元治元）年、生麦事件を発端に締結された「横浜居留地覚書」をもとに、この地に鉄砲場が整備されました。この覚書にはほかにも、居留地の拡張、屠牛場（とぎゅうじょう）や墓地、遊歩道の設置などが盛り込まれ、開港によって訪れた外国人の生活の充実が図られました。

⮕③千代崎川支流跡
大和町通りが見事な直線になっているのに対し、1本奥へ入った道は曲がりくねっています。ここにはかつて千代崎川が流れていたからです。雨水が台地を削って多数の川をなし、本牧エリアの高低差の激しい地形が生まれました。

いロングストレート。道路脇には商店が建ち並び活気にあふれています。ひとつもカーブがないのには、歴史的な背景があります。根岸本牧エリアは、幕末から明治時代にかけて、居留地（横浜）の外国人向けの施設が多く設けられた場所でした。1862（文久2）年の生麦事件をはじめとする外国人殺傷事件と居留地の敷地不足を背景に、海外諸国は幕府にさまざまな要求を突きつけます。そのうちのひとつが駐屯軍のための鉄砲場の設置で、大和通りはその跡地です。

とはいえ、もともと河川がつくった低地。1本奥の通りに入ると、かつての千代崎川（ちよざきがわ）が暗渠になり曲がりくねった道路になっています。この直線道路と曲がった道路の共存は、台地と低地が入り組む地域への外国人の来訪の歴史を物語っています。本巡検では、根岸本牧の台地を上り下りしながら、こうした往時の外国人の暮らしの痕跡を見ていきます。

根岸本牧巡検マップ

⑥キリン園

麦田隧道 ⑤

本牧通り ④
中区

本牧宮原住宅 ⑧

大和町通り ②
③千代崎川支流跡
⑦谷戸の風景

イオン本牧 ⑨

①山手駅

START

根岸競馬場跡 ⑯

本牧山頂公園 ⑩

⑪本牧の高級住宅街

本牧バス停

本牧車庫前バス停

グランドメゾン三渓園

①山手駅
谷戸地形の谷底に位置するJR根岸線・山手駅から巡検スタート!

⑮根岸七曲り

⑫

中区

本牧市民公園 ⑭

⑰根岸台周辺の米軍接収地

根岸駅前 ⑱

GOAL

⑬

神奈川臨海鉄道本牧線

⑱根岸駅前
開通から50周年を経たJR根岸線・根岸駅前にてゴール!

© 国土地理院

※本牧バス停から本牧車庫前バス停までは、路線バスを使って移動します。

⬆④本牧通り
本牧通りの名で親しまれている県道72号。本牧は1970(昭和45)年の市電本牧廃止以来陸の孤島になっており、横浜中心地と結ぶ動脈として路線バスが運行しています。

⬆⑤麦田隧道
元町や山下公園といった旧市街地、居留地エリアと根岸・本牧エリアを隔てる丘を貫いた隧道(トンネル)です。過去には麦田車庫があり、市電がひっきりなしに往来していました。

←↑⑥キリン園

かつて居留地に住む外国人を顧客としたビール醸造所「ジャパン・スプリング・ブルワリー」があった地です。この醸造所は、現在のキリンビールの前身になりました。この地が選ばれた理由は、水が豊富に手に入るからです。左は、かつて使っていた「ビール井戸」と呼ばれる井戸跡です。

➡⑦谷戸の風景

川の上流部で形成される、すり鉢地形をなす谷戸。この地形は三方を急な崖に囲まれていることから、家畜の管理も楽で、周辺住民の住環境を害する心配もないため、牧場に最適でした。谷戸の牧場は、大量に移り住んできた欧米人の食糧需要に応えました。

谷戸地形とビールや牧場

1870(明治3)年、アメリカ人のウィリアム・コープランドがビール会社を日本に創立し、谷戸地形によって豊富な湧水が得られるこの場所で工場を設立しました。ここには「キリンビール発祥の地」として、キリン園という公園が整備され記念碑が残されています(⑥)。

もうひとつ谷戸地形を利用してつくられたのが牧場です。来日した欧米人は横浜の日本人にミルクを伝え、本牧の地にはたくさんの牧場ができたのです。とくに三方を急崖に囲まれた谷戸の最奥部は、周囲から隔絶されていることから後年も牧場用地として重宝されました。

このように、本牧周辺の谷戸地形は、ビールや牛乳といった欧米の食文化が横浜に定着するための受け皿になったといえます。

◎国土地理院

本牧エリアの谷戸地形

本牧エリアは上総層群を基盤として、約12万年前の海進時に堆積した下末吉層、さらに隆起過程で堆積した関東ローム層が積み重なっています。その高低差を雨水が削って多数の谷をつくりました。その後、約6000年前の縄文海進によって海食崖と波食台が形成され、現在の本牧台地の姿になりました。

- ■……0m 以下
- ■……0 ～ 10m 以下
- ■……10 ～ 20m 以下
- ■……20 ～ 30m 以下
- ■……30 ～ 40m 以下
- ■……40 ～ 50m 以下
- ■……50m ～

←↑⑧本牧宮原住宅

ニュータウンとして開発された宮原地区では、接収を受けた場所とそうでない場所の境界がわかります。上写真の向かって右側の土地は、1982（昭和57）年の接収解除後に開発されたため無電柱化されています。左写真は、地元では「官舎」と呼ばれる公営本牧宮原住宅です。こちらも接収解除後に開発され、近くには公園やスーパー、飲食店などもあり住環境は充実していますが、交通アクセスだけは難あり。今では、建物の老朽化が問題になっています。

↑⑨イオン本牧

接収解除後、街づくりの実験として開発されたのはマイカル本牧でした。スペイン風の街並みをイメージしたベージュのスパニッシュ・コロニアル様式を採用した10棟の施設のうち、6棟が今も残されています。しかし、バブル崩壊後の資金繰りが悪化し、相次いでテナントが撤退。2011（平成23）年にマイカルがイオンに吸収合併され今に至ります。

↑⑩本牧山頂公園

和田山の頂上にある公園ですが、過去には牧場や農園が設けられ、戦前は文化人の静養地として利用されました。米軍に接収されたのち、周辺一帯は高級住宅地に姿を変えました。

➡⑪本牧の
　　　高級住宅街
山頂公園のふもとの本牧和田地区も、接収解除後に開発されました。通過交通を抑制するU字形の道路が特徴的です。ま

た、アスファルトは赤色に塗装され、信号機もありません。現在も弁護士や外交官、経営者などの富裕層が暮らすエリアを形成しています。

←⑫グランドメゾン三溪園
急峻な海食崖に建てられたマンションです。エントランスのエレベーターで切り立った崖を昇ったところに住宅エリアがあります。

↑⑬神奈川臨海鉄道本牧線
根岸駅から本牧埠頭駅までの5.6km
を結ぶ貨物線。船舶、トラックとの積
み替えや港湾倉庫への集荷をするこ
とで、首都圏の貨物輸送の一翼を
担っています。

↑⑭本牧市民公園
本牧市民公園の敷地内には、地層がはっきりと見える崖があります。縄文海進時、波
で削られてできた海食崖です。写真にある灰色の部分が基盤になっている上総層群、
その上が下末吉層と呼ばれる海成層で、さらにその上に隆起過程で堆積した赤茶色
の関東ローム層（火山灰）があります。このローム層は、豊富な地下水を蓄え、その水
がビール工場にも活用されました。

↑⑮根岸七曲り
加曽台の崖から丘上の豆口台方面
へと至る、七曲りと呼ばれる道。江
戸時代から存在していたとされ、風光
明媚な地としても知られていました。

バブル崩壊や米軍の名残

　戦後、横浜大空襲で焼け野原になった本
牧周辺は、横須賀海軍基地に勤める米軍と
その家族の住宅地域として接収されました。
エリア開発が進んだのは接収解除後で、そ
の象徴が、路線バスに乗る前に立ち寄った
マイカル本牧（現・イオン本牧）です。敷地
面積3万3456㎡の一大事業は失敗に終わ
りましたが、近年、適度な投資により開発が
進み、活気が戻りつつあります。

　路線バスで移動後、まず市民公園で当地
の地層をチェック。次に訪れる根岸エリアには、
貴重な根岸競馬場跡や、2015（平成27）
年まで米軍人が暮らしていた名残として米軍
による第5消防署が現存します。

　このように、根岸・本牧では、高低差の激
しい土地に日本人と外国人が共生してきまし
た。急峻な坂道が多い巡検ですが、ほかに
はない自然と歴史を味わえます。

↑⑯根岸競馬場（一等スタンド）跡
先述の「居留地覚書」の海外諸国の要求のなかには、競
馬場の設置も含まれていました。それを受け、1866（慶応2）
年に、イギリス駐屯軍将校らが中心となって建設した、日本
初の常設競馬場が根岸競馬場でした。しかし、戦時中に
軍港が一望できる点と、作戦上必要な施設であることから日
本の海軍省に接収され、閉鎖。現在残されているのは、関
東大震災後にJ.H.モーガンが設計した一等スタンド（馬見所）
です。

➡⑰根岸台周辺の
**　米軍接収地**
根岸台周辺には、
横須賀海軍基地に
勤務する米軍とその
家族のための住宅地
が広がっていました。2015（平成27）年に米軍関係者は退
去しましたが、この米軍の第5消防署は現存しています。

市川巡検

距離：約9km	歩くエリア：千葉県市川市
所要時間：約4時間30分	地形・地質ポイント：下総台地、真間川、段丘、砂丘（市川砂州）

北は下総台地で南は行徳低地

千葉県市川市は、江戸川を挟んだ対岸が東京都という立地から、人気のベッドタウンであり、人口は約49万人を誇ります。

地形としては、北部が千葉県北部一帯を占める下総台地（しもうさだいち）の西端にあり、台地の南から海岸までは行徳低地（ぎょうとくていち）と呼ばれる平坦地形が広がっています。下総台地の大部分は、武蔵野台地でいう下末吉面と同じ成因の海成段丘で、約50万〜9万年前におもに海で堆積した地層（下総層群）が隆起し、そこに関東ローム層が載る構造をしています。市川市内には西から国府台（こうのだい）、国分（こくぶん）、曽谷（そや）という3つの舌状台地があって、その縁には海や川の流れがつくった段丘が発達し、段丘の合間には谷が刻まれています。

本巡検は、台地や谷を巡りながら市川の地形と歴史を体感します。まずは国分台地にある北総線・北国分駅（①）から、ひとつ下の段丘面へ下りて（②）、一帯が遠浅の海だったことを示す堀之内貝塚（③）と、ふたつの市立博物館を見学します（④⑤）。

↑③堀之内貝塚
一帯には無数の貝殻が露出しています。縄文時代後期〜晩期（約4000〜2500年前）、ここは地域の中心的な集落でした。市川北部にある120以上の遺跡のうち55カ所が貝塚をともなっています。縄文海進で海水面が上昇した際、エリアに遠浅の干潟が発達していたのが理由です。

←④市立市川考古博物館
太古からの地形の変遷や市域の地質、下総国分寺ほか市内の遺跡に関する資料や出土品が展示されています。

↑②台地から段丘面へ
駅から西へ少し歩いて左折すると2021（令和3）年に開通したばかりの都市計画道路北国分線に。ここを下りながら南進、右手にある階段で一段低い段丘面へ移動します。当巡検では、何度も段丘を上り下りします。

➡⑤市立市川歴史博物館
中世以降の市川の歴史、街道としての市川にまつわる展示が充実。考古博物館とセットで、歴史好きには必見の施設です。

市川巡検マップ

①北国分駅
1991(平成3)年開業の北総鉄道北総線の当駅からスタート。市川駅付近での前哨戦へ参加した組は、市川駅からバスを使って合流です。

START
① 北国分駅
② 台地から段丘面へ
③ 堀之内貝塚
④ 市立市川考古博物館
⑤ 市立市川歴史博物館
⑥ 谷を走る外環道(国道298号)
⑦ 台地を下りる
⑧ 段丘面をさらに下りる
⑨ じゅん菜池緑地
⑩ 国府台への上り坂
⑪ 里見公園(国府台城跡)
⑫ 江戸川左岸から市街地を望む
⑬ 下総国分尼寺跡
⑭ 下総国分寺跡(石碑)
⑮ 下総国分寺
⑯ 水汲み坂
⑰ 手児奈霊神堂
⑱ 真間山弘法寺
⑲ 真間の継橋
⑳ 真間川

市川市

㉑展望台から北を望む
JR市川駅至近のタワーマンション(左上写真=前哨戦で撮影)の45・46階にある「アイ・リンクタウン展望施設」では、開所時間であれば誰でも地上150mからの眺望を無料で楽しめます。右上写真の真ん中にある一直線の道は弘法寺の参道でもある大門通りです。とくに東京方面の夜景(下写真)が有名で「新日本三大夜景・夜景100選」に選ばれています。

GOAL
㉒市川駅
㉑展望台から北を望む

㉒市川駅
すっかり陽も落ちました。JR市川駅南口のペデストリアンデッキで散会です。

⑥谷を走る外環道（国道298号）
堀之内貝塚の南は谷。千葉県内区間が2018(平成30)年に開通した、東京外環自動車道(外環道)がこの谷を通っています。外環道は地下化(写真中央)されていて、地上に国道298号(写真左右)が整備されています。

⑦台地を降りる
せっかく上ってきた台地（中国分エリア）を一段下りていきます。

⑧段丘面をさらに降りる
段丘面をさらに下ります。この先の「土管公園」を経て低地（谷）へ。

↑⑨じゅん菜池緑地
古くからあった国分沼は「じゅん菜」が採れたことから「じゅん菜池」と呼ばれていましたが、昭和初期に当地のじゅん菜は絶滅。戦後、水田に転用されたのち、地元の「じゅん菜池復活」を望む声を受けて整備され、1981（昭和56)年に公園が完成しました。春から夏、水面はじゅん菜のあざやかな緑で覆われます。

↑⑩国府台への上り坂
谷間の低地まで下りたら次はまた上るだけ。国府台の台地へ長い上り坂をいきます。

←⑪里見公園（国府台城跡）
公園は、下総台地の西端部、江戸川に面した台地上にあります。国府台と呼ばれ、下総国府が置かれるなど下総国の政治・文化の中心でした。のちに太田道灌によって国府台城が築かれ、戦国時代には里見氏と小田原北条氏が二度にわたり戦った地としても有名です。城は江戸を俯瞰できる立地から、江戸時代に廃城になりました。

↑⑫江戸川左岸から市街地を望む
自然の要害に立つ国府台城の崖下に下ります。江戸川の左岸から南に見えるのは、巡検ゴールの地、市川市街地です。

←⑬下総国分尼寺跡
公園として一般開放されています。1967（昭和42)年の発掘調査では、東西25.5m、南北22.4mの金堂基壇と東西27m、南北19mの講堂基壇が発見されています。

市川エリアの色別標高図

堀之内貝塚や下総国分寺・国分尼寺、国府台城のほか、国府台の文京地区が標高の高い台地上にあるのがわかります。この台地は東葛台地（とうかつ）ともいわれ、下総台地の西南端に位置します。付近にはかつて古墳があり、また戦前には陸軍施設が置かれたことからも、このエリアが長きに渡って要地であったことがわかります。台地の南は行徳低地と呼ばれる平坦地形が広がり、台地と低地のあいだには段丘が形成されています。また台地と台地のあいだには、水流によって削られた谷地形が発達しています。じゅん菜池緑地も谷間にあります。

■……0m 以下
■……0〜5m以下
■……5〜10m以下
■……10〜15m以下
■……15〜20m以下
■……20m〜25m以下
■……30m〜

←⑭下総国分寺跡（石碑）
周辺には、国分寺で使う瓦を焼いた窯跡など史跡が多数あります。国分寺創建時の面積は、現存する下総国分寺の敷地の4倍ほどあって、七重塔のほか雄大な伽藍（がらん）が立ち並んでいたようです。

舌状台地に築かれた遺跡巡り

　一隊は国分台地の東縁の谷筋を走る外環道（⑥）を陸橋で渡り、国分台地へ上がって再び台地を下ります（⑦⑧）。段丘の間の谷にできたじゅん菜池緑地（⑨）で地形のおもしろさと豊かな自然を味わいます。

　低地を歩いたあとは、西側の国府台へ上がります（⑩）。目的地は江戸川河岸、台地縁にある里見公園（⑪）。ここは国府台城跡でもあり、城が台地縁と川に囲まれた自然の要害にあったことを体感します。一隊はさらに上り下りを繰り返し、国府台から国分台地へ移り、下総国分寺・国分尼寺といった律令時代の遺跡群を巡ります（⑬〜⑮）。

↑⑮下総国分寺
現存する下総国分寺の南大門。奥に本堂が見えています。本堂はかつて金堂があった付近に建っています。発掘調査で、寺の範囲が東西約300m、南北約350mであることなどがわかりました。

➡⑯水汲み坂
高低差10mほどある急坂です。台地上の国分寺で使うため、坂下の湧水を汲みに通ったことから命名されました。坂の途中には「急傾斜崩壊危険地域」の看板があります。

© 地質調査総合センター（産総研）

③ 堀之内貝塚

⑨ じゅん菜池緑地

⑪ 里見公園（国府台城跡）

⑮ 下総国分寺

⑱ 真間山弘法寺

㉒ JR 市川駅

市川エリアの地質地盤図

JR市川駅付近から下総中山駅付近にかけて、千葉街道沿いに南北0.5 ～ 1.0km、東西約4kmにわたって広がる黄色いエリアが砂州にあたります。通称・市川砂州といわれ、周辺が海だった頃に台地と海流の作用などで砂などが堆積しました。南北の低地より4～ 10m高く、寺社には松の木が散見されます。そして砂州上には、市川・本八幡といった中心市街地が築かれ、千葉街道に加えてJR総武線や京成本線が東西に走っています。

　…… 砂州・浜堤堆積物
■…… 低湿地・谷底低地堆積物
■…… 常総層（下総層群）
　…… 木下層（下総層群）
■…… 新期段丘堆積物

➡⑱真間山弘法寺
奈良時代に行基が建立、平安時代に弘法大師が名を改め、のちに日蓮宗に転じたとされています。古来、国府と密接にかかわる寺院だったとの見方もあります。巡検では体力自慢が、この階段を上って参拝しました。

⬅⑰手児奈霊神堂
『万葉集』に詠まれた「真間の手児奈」という美女を祀るお堂です。手児奈は数多くの男性から求愛されることに苦悩し、真間の海で入水自殺したという伝承があります。

砂州に築かれた北口の中心地

　水汲み坂（⑯）を使って国分台地を下りると、国府台の縁に立つ真間山弘法寺（⑱）の参道に。長い石段はまさしく国府台の崖を上るそれです。このあとは、南へ延びる弘法寺の参道（大門通り）を歩きます。参道は千葉街道に出る直前で緩い上り坂になりますが、これは砂が堆積した市川砂州と呼ばれる場所に、JR市川駅北口の中心地が築かれているためです（上図参照）。台地と砂州の間には、かつて江戸川に注いでいた真間川の河口から東へ深い入り江があったそうです。最後には駅近くの展望台（㉑）からここまで歩いてきた台地を一望します。巡検はいよいよ市川駅前で散会です。

➡⑲真間の継橋
「手児奈」の伝承と相まって『万葉集』にも詠まれた橋の欄干を模したモニュメント。一帯はかつて「真間の入江」といわれる低湿地帯で、「万葉の時代」には洲から洲へ渡るため「真間の継橋」が架かっていたといわれます。また、歌川広重が『名所江戸百景』で描いたことでも知られています。

⬅⑳真間川
真間川はもともと大柏川・国分川と合流して江戸川へ注いでいましたが、現在は正反対に流れています。これは氾濫が相次いだため、明治後期～大正時代の耕地整理事業により、市川市原木で東京湾に注ぐ放水路が整備されたためです。沿道の一部は桜の名所として市民に親しまれています。

浦安巡検

距離：約7km
所要時間：約4時間

歩くエリア：千葉県浦安市
地形・地質ポイント：埋立地、三角州、微高地（砂州・砂丘）、境川

東京湾と旧江戸川に囲まれた町

　千葉県浦安市は、今では東京のベッドタウンであり、東京ディズニーリゾート（TDR）のある地として多くの人が住来していますが、かつては「陸の孤島」でした。戦前は面積がわずか4.43km²の小村で、東京湾と旧江戸川に囲まれているため船しか交通手段がなかったのです。またそのような立地から、当地は古くから、江戸川の氾濫と東京湾の高潮による水害に見舞われてきました。1949（昭和24）年に発生したキティ台風では、浦安町（当時）の人口1万5260人のうち1万4182人が罹災。旧町内にあった7割以上の建物が床上浸水の被害にあったといいます。

　土壌に注目すると、旧村域の大部分は、河川の堆積作用によって形成された土地の低い氾濫平野で、砂や粘土質の土壌などからなる軟弱な地盤です。いっぽうで、豊富な水資源は旧浦安町民の生活を支えるインフラでもありました。とくに、町の中心部を流れる境川は、生活用水や防火用水に活用されました。今では護岸工事が盛んに行われ、現在の境川には西水門から東水門まで19本の橋が架かっています。本巡検では、境川沿いに形成された漁師町の名残、埋め立ての痕跡、現代の浦安という「浦安の歴史」を時系列に沿って辿っていきます。

←③妙見島
江戸川区と浦安市の境にある旧江戸川の中州。江戸川区に属しており、23区内では数少ない自然島として知られています。護岸工事が行われるまでは河川の作用により移動していました。

←↑②当代島
浦安（当時は村）は、1940（昭和15）年に浦安橋が開通するまで陸の孤島で、船を使って東京方面と往来する漁師町でした。周辺には今も船宿が残されています。浦安の漁業の歴史は古く、江戸時代にはイカ網漁などが行われていました。明治時代には海苔の養殖が盛んになり、漁師町として発展。1971（昭和46）年の漁業権全面放棄に至るまで東京の食を支えてきました。写真下はかつての漁師町を思わせる「魚の自販機」です。

↑④境川西水門
1966（昭和41）年に建設されました。水門の両側にある大桜は、浦安の桜の名所として親しまれています。

浦安巡検マップ

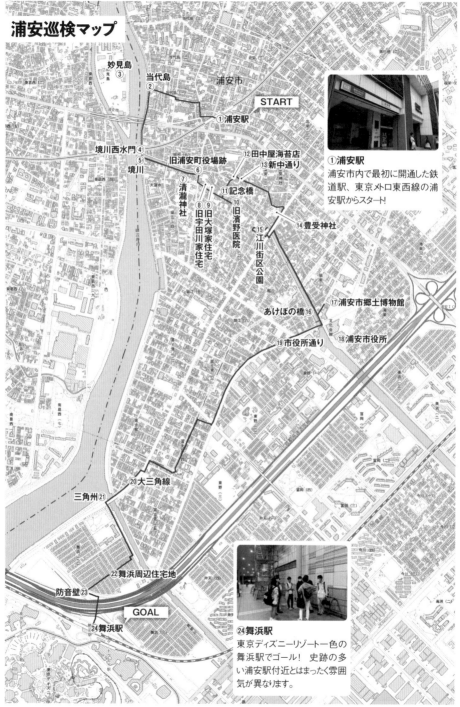

妙見島 ③

当代島 ②

浦安市

START

① 浦安駅

境川西水門 ④

旧浦安町役場跡 ⑥

⑤ 境川

⑫ 田中屋海苔店
⑬ 新中通り

⑪ 記念橋

⑦ 清瀧神社

⑧ 旧大塚家住宅

⑨ 旧宇田川家住宅

⑩ 旧濱野医院

⑮ 江川街区公園

⑭ 豊受神社

① 浦安駅

浦安市内で最初に開通した鉄道駅、東京メトロ東西線の浦安駅からスタート!

あけぼの橋 ⑯

⑲ 市役所通り

⑰ 浦安市郷土博物館

⑱ 浦安市役所

⑳ 大三角線

三角州 ㉑

㉒ 舞浜周辺住宅地

防音壁 ㉓

GOAL

㉔ 舞浜駅

㉔ 舞浜駅

東京ディズニーリゾート一色の舞浜駅でゴール! 史跡の多い浦安駅付近とはまったく雰囲気が異なります。

↑⑤境川
埋め立て前の浦安の中心地は、境川（写真）周辺に広がっていました。ここが川の流れがつくった砂丘の微高地だったためで、浸水などの水害を避けるため固まって集落を形成していたのです。かつては、遠浅の浦安沖での漁に適した「べか舟」が往来していました。

境川周辺の地形分類図

1945（昭和20）年頃の写真に「地形分類図」を重ねています。斜めに走る灰色の線は境川、左の太い灰色は旧江戸川です。緑色は氾濫平野で、起伏が小さい平坦な低地。洪水で運ばれた砂や泥が堆積してできており、水害などのリスクがあります。黄色は、微高地であることを示しています。浦安の住民は古くから、この地域に集住していたことがわかります。

←⑥旧浦安町役場跡
旧浦安町役場も境川周辺に立地していました。現在はその跡地に記念碑が残されています。

↑⑦清瀧神社
オランダ人土木技師・リンドによる「堀江の水準標石」があり、江戸川や利根川の水位の基準点として設置後150年以上経った今も用いられています。

↑⑧旧宇田川家住宅
1869（明治2）年に建てられた民家。米屋、油屋、雑貨屋、呉服屋などの商家として使われてきました。水害が多い地域のため、屋根裏部屋があり、収納場所や避難部屋になっていました。

↑⑩旧濱野医院
1929年（昭和4）年に建てられた、旧浦安町内で最初の洋風建築物。医院の部分が洋風、住宅部分が和風の和洋折衷建築です。

境川両岸の砂丘にできた市街地

　浦安の旧中心地は、水害を少しでも免れるため、境川の両岸に形成された微高地（砂丘）に集中していました（上記の「地形分類図」参照）。旧役場があったのも境川の河岸近くです。戦前は、べか舟という船底の浅い船がもやい、主要産業だった養殖海苔の採取のほか、貝類の加工業も盛んな漁師町を形成していたのです。

➡⑨旧大塚家住宅
江戸時代末期の建築と推定され、当時の浦安では比較的大きな家だったと考えられています。旧宇田川家住宅と同様、土間と玄関の天井から屋

根裏部屋に上がれるようになっています。建物の周囲には貝殻が敷き詰められており、不審者が侵入しても音でわかるように工夫されています。

⑮江川街区公園
「べか舟」が係留されていた船溜まりの跡地。かつては入江になっており、この一帯は江川と呼ばれていました。

↑⑯あけぼの橋
境川にかかる 19 橋のなかで、最東端に位置します。現在の橋は、1988（昭和 63）年に架け替えられたものです。

←⑪記念橋
1919（大正8）年、大正天皇の即位を記念して架けられた市内最初のコンクリート橋です。かつては、堀江地区と猫実地区をつなぐ主要な橋でした。

→⑫田中屋海苔店
かつての浦安は、海苔の一大産地でした。昭和30年代に人工的な種付けが可能になり収穫量が安定すると、千葉県トップの生産高を誇るようになりました。

←⑬新中通り
旧市街地は境川周辺に密集しているため、道路が狭く、火災時の延焼防止や緊急車両の通行を円滑にする拡幅工事が進んでいます（写真の新中通りは2022年に開通）。

→⑭豊受神社
1157（保元2）年創建、浦安最古の神社。樹齢400年近い大イチョウは高潮の塩害で大幹が枯れ、周囲の萌芽枝が育ってヤマタノオロチのような見た目になりました。

埋め立ての契機となった事件

　低地・浦安の大きな転機となったのは、国による埋め立て事業です。1955（昭和 30）年、旧浦安町はキティ台風後の財政難からの再建を目指すため、国の食糧増産政策にもとづく干拓事業計画を立案。国費の獲得を目指しましたが、漁業組合を二分する激しい議論の末に頓挫。しかし 1958（昭和 33）年、本州製紙江戸川工場が排出する水が浦安の漁場に流れ込む「黒い水事件」が発生。漁業は大きな被害を受け、町の財政は悪化の一途を辿りました。

　その折、江戸川河口の三角州に大型遊園地建設（TDL）にともなう埋め立て計画が立ち上がります。当初は漁師らの反対もありましたが、漁場汚染による漁獲量低下を受けて、1962（昭和 37）年に漁業権を一部放棄する代わりに補償を受け取るかたちで決着。埋め立てと同時に土地改良工事も行われ、1988（昭和 63）年までに、第 1 期埋立地として舞浜などを含む中町、第 2 期として東側の新町地区が造成されました。中町と埋め立て以前からの土地の境界は、市役所通りに高低差として現れています。これらの埋め立てを経て、市域は旧町域の約4倍、18.79 km²（2023 年現在）にまで拡大し、東西線や京葉線などの開通も相次ぎ現在の街が形成されたのです。

© 国土地理院

↑⑲市役所通り
市役所から南に延びる幹線道路。中央分離帯を境に内陸側（右）が低く、海側（左）が高くなっています。中央分離帯はかつての堤防で、海側はその後に埋め立てられた土地です。幾度となく水害に襲われたことから、埋立地側の土地を高くしたわけです。

■……0m 以下
■……0 ～ 2.5m 以下
■……2.5 ～ 5m 以下
■……5 ～ 10m 以下
■……10m ～

市役所通り東西の標高差
市役所通りを境に、標高は西側が低く東側が高いのがわかります。この道路はかつての海岸線で、西側の元町（当代島・猫実・堀江・北栄・富士見地区）は埋め立て以前からの土地。東側はその後の第1期埋立事業で完成した中町（東野・海楽・富岡・美浜・弁天・舞浜・入船・今川・見明川地区）です。

↑⑰浦安市郷土博物館
昔から陸地だった場所に立地する郷土博物館。漁師町として栄えた浦安の歴史を保存することを目的にしています。館内にはかつての町並みを再現した展示も。

↑⑱浦安市役所
2016年に新庁舎が完成した浦安市役所。郷土博物館などの施設とともに、埋立地と旧市街の中間に位置しています。

↑㉒舞浜周辺住宅地
舞浜2丁目に広がる住宅地を歩きます。舞浜には2丁目と3丁目がありますが、舞浜1丁目の住居表示は実施されませんでした。東京ディズニーリゾートなどを経営するオリエンタルランド本社の所在地も舞浜1丁目ではなく舞浜1番地となっています。

←⑳大三角線
市川市から浦安市に入り、北東～南西（舞浜）方向に通る幹線道路。かつて、旧江戸川河口には大きな三角州があって、そこを埋め立てたのが今の舞浜。つまり「大きな三角州」へ向かう道路のため、こう命名されました。南国を思わせる木々が植えられ、リゾート感を盛り上げます。

➡㉑三角州
大三角線沿いにある舞浜公園の向かい側の道路から見た旧江戸川（手前の流れは見明川）。写真の左手前が三角州（舞浜埋立地）の先端で、その広い面積を東京ディズニーリゾートが占めています。

➡㉓防音壁
住宅地と首都高速が隣接しているため、高い樹木と防音壁で騒音を遮断しています。

おわりに

　本書で紹介した巡検は、すべて近年東大地理部で実際に開催されたものをベースとしています。その意味で、本書は「地理部の活動記録」の一部というべきものでもあります。ここ数年「散歩」がトレンドとなるなか、毎週のように巡検を開催しているわたしたちが、「街歩き」の楽しさを世間に届けることができないかと思案していたところに出版企画が舞い込んできたのは、まさに渡りに船でした。

　地理部で行われる巡検は、「自分の好きな街のおもしろさを少しでも多くの人と共有したい！」「好きな街や地形について語ることで参加者の知的好奇心を満たしたい！」という信念を抱いた部員が、綿密な事前調査をした上で行われています。ですから、読者の皆様が本書で紹介した街に興味をもち、そしてできれば実際に足を運んでいただけたなら、それは地理部員冥利に尽きるといえます。さらにこの書籍が、読者の皆様にとって、日頃生活している街を「地理」「地形」といった視点から捉え直すきっかけとなれば、地理好きの集団として望外の喜びです。

　また、これを読まれた現役の大学生に「東大地理部っておもしろいことをやっているな」と感じられた方がおいででしたら、ぜひともご連絡いただければと思います。

　最後に、企画を提案してくださり、またお忙しいなか多くの巡検の取材に同行していただいた田口学様と鈴木ユータ様、マイクロマガジン社の岡野信彦様、その他本書の刊行に携わられたすべての方々に、この場を借りてお礼申し上げます。

東京大学地文研究会地理部

72期渉外担当　　原田 奏

主要参考文献 (刊行年順)

東京市荏原区編『荏原区史』(荏原区役所、1943年)
東京都品川区編著『品川区史』(東京都品川区、1974年)
江東区教育委員会編『江東区の歴史』(江東区教育委員会社会教育課、1976年)
安藤一男、渡辺満久『武蔵野台地開析谷，黒目川谷底平野の埋没段丘面と最終氷期後半以降の古環境変遷』(1992年)
中区制50周年記念事業実行委員会編著『横浜中区史』(横浜市、1985年)
久保純子『相模野台地・武蔵野台地を刻む谷の地形 -- 風成テフラを供給された名残川の谷地形』(1988年)
貝塚爽平、小池一之ほか編『日本の地形4 関東・伊豆小笠原』(東京大学出版会、2000年)
谷川彰英『東京・江戸 地名の由来を歩く』(KKベストセラーズ、2003年)
新井智一『東京都福生市における在日米軍横田基地をめぐる「場所の政治」』(『地学雑誌』114(5),767-790、2005年)
貝塚爽平『東京の自然史』(講談社、2011年)
世田谷区立郷土資料館編『等々力渓谷展 －渓谷の形成をめぐって』(世田谷区立郷土資料館、2011年)
榧根勇『地下水と地形の科学 水文学入門』(講談社、2013年)
皆川典久『凹凸を楽しむ 東京「スリバチ」地形散歩2』(洋泉社、2013年)
松田磐余『対話で学ぶ 江戸東京・横浜の地形』(之潮、2013年)
品川区編纂『歴史と未来をつなぐまちしながわ』(品川区、2014年)
高橋直樹ほか『葉山－嶺岡帯トラバース』(『地質学雑誌』122(8),375-395、2016年)
渡部一二『品川用水における水利施設 (品川区内) 遺構の残存状況調査』(公益財団法人とうきゅう環境財団、2017年)
本牧本作成プロジェクト編著『本牧本：トンネルの向こうはどんなまち……』(本牧4南元気なまち運営委員会、2017年)
三浦展監修『渋谷の秘密』(PARCO出版、2019年)
遠藤邦彦、千葉達朗ほか『武蔵野台地の新たな地形区分』(2019年)
皆川典久『東京スリバチの達人 分水嶺東京北部編』(昭文社、2020年)
皆川典久『東京スリバチの達人 分水嶺東京南部編』(昭文社、2020年)
納谷友規、中澤努『東京都区部の台地を構成する地層の層序：東京層と下総層群』(2021年)
多摩武蔵野スリバチ学会監修『多摩・武蔵野スリバチの達人』(昭文社、2021年)
本田創『失われた川を歩く 東京「暗渠」散歩』(実業之日本社、2021年)
市川市教育委員会編『わたしたちの市川 令和5年度版』(市川市教育委員会学校教育部、2023年)
高橋典嗣監修『日本列島誕生のトリセツ』(昭文社、2023年)

主要参考ウェブページ (五十音順)

市川市　https://www.city.ichikawa.lg.jp
大田区　https://www.city.ota.tokyo.jp
葛飾区史　https://www.city.katsushika.lg.jp/history
川のプロムナード　http://riverpromenade.blog.fc2.com
国土地理院　https://www.gsi.go.jp
国立国会図書館　https://www.ndl.go.jp
神奈川県　https://www.pref.kanagawa.jp
国立市　https://www.city.kunitachi.tokyo.jp
今昔マップ　https://ktgis.net/kjmapw
産業技術総合研究所　https://www.aist.go.jp
首都圏地盤解析ネットワーク　https://www.npo-gant.com
住吉神社　https://www.sumiyoshijinja.or.jp
世田谷区　https://www.city.setagaya.lg.jp
地質調査総合センター　https://gbank.gsj.jp
中央区まちかど展示館　https://www.chuoku-machikadotenjikan.jp
東急　https://www.tokyu.co.jp
東京都　https://www.metro.tokyo.lg.jp
東京都観光局　https://kankyo.metro.tokyo.lg.jp
東京都建設局　https://www.kensetsu.metro.tokyo.jp
東京都地質調査業協会　https://www.tokyo-geo.or.jp
東京都都市整備局都市計画情報等インターネット閲覧サービス　https://www2.wagmap.jp/tokyo_tokeizu/Portal
戸越銀座商店街オフィシャルウェブサイト　https://www.togoshiginza.jp
都立横網町公園　https://tokyoireikyoukai.or.jp
日本地下水学会　https://www.jagh.jp
呑川の会　http://nomigawanokai.net
東久留米市　https://www.city.higashikurume.lg.jp
東雪谷中自治会　https://www.tohnaka.jp
深田地質研究所　https://fukadaken.or.jp
文京区　https://www.city.bunkyo.lg.jp
文京区立図書館　https://www.lib.city.bunkyo.tokyo.jp
三笠公園　https://www.kanagawaparks.com/mikasa
三井住友トラスト不動産 写真でひもとく街のなりたち　https://smtrc.jp/town-archives/index.html
目黒区　https://www.city.meguro.tokyo.jp
谷沢川分水路工事　https://ad-hzm.jp/yazawagawa
谷保天満宮　https://www.yabotenmangu.or.jp
雪ヶ谷八幡神社　https://yukigaya.info
横須賀市　https://www.city.yokosuka.kanagawa.jp

著者 東京大学地文研究会地理部

街歩きや旅行、地理全般が好きな部員が集まる、1951(昭和26)年創立の東京大学学友会加盟サークル。おもな活動は、企画者が東京近郊の地理学的要素を参加者に対して実地で説明する巡検、五月祭及び駒場祭で展示する立体地図の制作や修復、部員が自身の興味ある内容について発表する「地理部で語る会」、長期休みを利用して首都圏以外の場所を訪れ、おもにその土地の地理歴史的内容に触れることを目的とする合宿など。

公式X（旧Twitter）アカウント：@UT_Chiribu
公式ホームページ：http://www.chiribu.org

本書掲載の巡検企画者(五十音順)
井出千寛、河合将輝、小峰智樹、齊藤丈一郎、佐藤孝紀、清水 優、末政 駿、鳥居怜真、
西村萌希、根本実空、原田 奏、平岡大和、福田 颯、細井星也、水谷玲太、三宅隼介、
山口健太、横田有映、米内山匠実

※カバーおよび本書掲載の3D地図は、国土地理院発行の2.5万分の1電子地形図、および基盤地図情報を利用し、カシミール3Dを使って作成しています。

発見！ 学べるウォーキング
東大地理部の「地図深読み」散歩

2024年3月18日　第1版第1刷発行

著	東京大学地文研究会地理部
発行人	子安喜美子
発行所	株式会社マイクロマガジン社
	〒104-0041　東京都中央区新富1-3-7 ヨドコウビル
	TEL03-3206-1641　FAX03-3551-1208（販売営業部）
	TEL03-3551-9564　FAX03-3551-9565（編集部）
	https://micromagazine.co.jp
印刷製本	株式会社光邦
編集	岡野信彦、田口学
編集協力	鈴木ユータ、阿部心
装丁・デザイン	出嶋勉(decoctdesign)
3D地図	菊地博泰
写真	村上裕也、田口学、鈴木ユータ、東京大学地文研究会地理部、国土地理院
校正	芳賀恵子

Printed in Japan　ISBN978-4-86716-542-3 C0025